Formação e Empregabilidade
Os desafios da próxima década na educação superior

Fábio Garcia dos Reis

(organizador)

Formação e Empregabilidade
Os desafios da próxima década na educação superior

2011 © Sindicato das Entidades Mantenedoras de Estabelecimentos
de Ensino Superior no Estado de São Paulo (SEMESP)

2011 © EDITORA DE CULTURA
ISBN: 978-85-293-0152-5

Direitos desta edição reservados à
EDITORA DE CULTURA
Rua Pirajá, 1.117
CEP 03190-170 - São Paulo - SP
Fone: (11) 2894-5100

sac@editoradecultura.com.br
www.editoradecultura.com.br

Partes deste livro poderão ser reproduzidas, desde que obtida prévia autorização por escrito da Editora e nos limites previstos pelas leis de proteção aos direitos de autor e outras aplicáveis. Além de gerar sanções civis, a violação dos direitos intelectuais e patrimoniais do autor caracteriza crime.

Primeira edição: Maio de 2011
Impressão: 5ª 4ª 3ª 2ª 1ª
Ano: 15 14 13 12 11

Dados Internacionais de Catalogação na Publicação (CIP)
(Elaboração: Aglaé de Lima Fierli, CRB-9/412)

F82   Formação e empregabilidade: os desafios da próxima década na educação superior / organização de Fábio Garcia dos Reis.
– São Paulo: Editora de Cultura, 2011.
120p. : il.; 17 x 24cm.

Palestras apresentadas no 12º FNESP, 2010
ISBN: 978-85-293-0152-5

1. Educação superior – Brasil. 2. Empregabilidade – Formação superior. 3. Ensino superior privado. 4. Financiamento – Ensino superior. 5. Consórcio – IES. I. Reis, Fábio Garcia dos, org.
II. Fórum Nacional Ensino Superior Particular Brasileiro.

CDD – 378.81

Índice para Catálogo Sistemático

Ensino Superior : Empregabilidade : Brasil	378.81
Ensino superior : Formação : Capital humano	378
Ensino superior privado : Financiamento : Democratização	378.36
Empregabilidade : Formação : Ensino superior	378.81
Ensino Superior Privado : Mercado :	378.04
Novas tecnologias : Ensino Superior : Competitividade	378
Consórcios : Ensino superior :	378.104

Sumário

9 Nota do organizador

APRESENTAÇÃO
15 Soluções para os desafios da educação no século 21

CAPÍTULO 1
21 Modelo brasileiro, democratização e futuro do ensino superior

CAPÍTULO 2
31 Novas tecnologias na educação

CAPÍTULO 3
45 Educação na Ásia: competitividade e superação do atraso

CAPÍTULO 4
57 Alternativas para o financiamento da educação superior

CAPÍTULO 5
69 Consórcios, empreendedorismo e competitividade das IES

CAPÍTULO 6
83 Crescimento e grandes eventos esportivos: desafio e oportunidade para as IES

CAPÍTULO 7
93 Retenção de alunos e novas demandas do mercado de trabalho

CAPÍTULO 8
105 Gestão estratégica: profissionalizando a governança das IES

115 Sobre o organizador

117 Agradecimentos

Nota do organizador

Os sistemas de educação superior passam por uma série de mudanças que são resultado da dinâmica da sociedade. Há uma crise do conceito tradicional de instituição de educação superior, o que exige a elaboração de um novo modelo de IES e de organização do próprio sistema do terceiro ciclo educacional. Há novas formas de pensar e de criar alternativas para que as IES possam responder com qualidade às demandas da sociedade do conhecimento, aos processos de internacionalização e globalização da educação, ao uso de tecnologias de informação e comunicação, ao avanço do mercado universitário, à demanda de acesso, à mudança dos parâmetros de gestão das pessoas, à necessidade de ampliar o financiamento, à mudança de perfil das pessoas que ingressam no ensino superior e às exigências dos empregadores.

Consciente de que o Brasil precisa pensar a educação superior da próxima década e elaborar um projeto para afrontar os desafios do século 21, o Semesp organizou um temário pertinente para o 12º FNESP – Fórum Nacional: Ensino Superior Particular Brasileiro. Realizado em setembro de 2010, em São Paulo, o evento permitiu ampla discussão sobre esse desafio, que envolve o atendimento das necessidades de formação técnica e tecnológica para um mercado à altura das exigências da transição do país da posição de emergente para integrante do Primeiro Mundo. O Semesp reafirma, assim, a condição do FNESP como espaço permanente para a busca de soluções para a evolução e o crescimento da educação superior particular no País.

Os capítulos deste livro foram elaborados tendo como referência as reflexões apresentadas durante o evento pelos seguintes educadores e especialistas nacionais e internacionais, convidados pelo Semesp a fazer uma leitura crítica dos modelos atuais e das soluções e práticas já em desenvolvimento por instituições do Brasil e do exterior:

Leonardo Trevisan, além de jornalista, é professor de Economia da Pontifícia Universidade Católica de São Paulo (PUC-SP) desde 1982. Doutor em Ciência Política pela Faculdade de Filosofia, Letras e Ciências Humanas da Universidade de São Paulo (FFLCH-USP), com pós-doutoramento na Universidade de Londres (1996-1998). Foi editorialista dos jornais *O Estado de S. Paulo* e *Gazeta Mercantil,* além de articulista sobre assuntos de Educação.

Wim Veen é professor titular na Delft University of Technology, da cidade de Delft, Holanda, onde coordenou o Departamento de Educação e Tecnologia (1999-2009). Atualmente, lidera um programa de inovação educacional que enfoca novas práticas de ensino utilizando novas tecnologias. Estudou Geografia Humana e Ciências da Educação na Universidade de Utrecht e, depois de curta carreira como professor no ensino secundário (1974-1978), tornou-se formador de professores na Universidade de Utrecht e participou da inovação dos currículos nacionais do ensino secundário no Instituto Nacional de Desenvolvimento Curricular, bem como de vários projetos europeus

Ka Ho Mok é professor de Política Comparada, vice-presidente associado (Relações Externas), decano da Faculdade de Artes e Ciências e co-diretor do Centro para a Governança e a Cidadania do Hong Kong Institute of Education (HKIEd), China. Foi reitor e professor de Política Social da Faculdade de Ciências Sociais da Universidade de Hong Kong (HKU) e fundou o Centro de Estudos da Ásia Oriental da Universidade de Bristol, no Reino Unido. Publicou extensivamente nos campos da política de educação comparada e participou de conselhos editoriais e comissões nas principais sociedades científicas internacionais.

Michael Crawford é especialista em Educação Superior do Departamento de Educação para a América Latina e Caribe do Banco Mundial, onde desenvolve e gerencia projetos de investimento e estudos analíticos de reforma universitária e garantia de qualidade relacionados a Chile, Peru e Brasil. Tem mestrado em Economia e Desenvolvimento pela School of Advanced International Studies (SAIS) da Universidade Johns Hopkins, em Baltimore,

Maryland, Estados Unidos, e licenciatura em Filosofia e Matemática pelo St. John's College, em Annapolis, também em Maryland.

John Childers é presidente e CEO do Consórcio de Universidades da Área Metropolitana de Washington, cujos membros são 14 das melhores universidades da área de Washington, a capital dos Estados Unidos. Antes de entrar para o Consórcio, atuou como vice-presidente de Comunicações e Relações Governamentais para o Conselho de Faculdades. Foi vice-secretário assistente para a Educação Superior (1989-1993) do Departamento de Educação dos EUA.

Caio Luiz de Carvalho é doutor em Ciências da Comunicação pela Escola de Comunicações e Artes da Universidade de São Paulo (ECA-USP) e professor da Fundação Getúlio Vargas (FGV-SP). Presidente licenciado da São Paulo Turismo S/A, órgão de promoção turística e eventos da cidade de São Paulo, foi, entre 1992 e 2002, Secretário Nacional de Turismo e Serviços, presidente da Embratur e Ministro do Esporte e Turismo. Presidiu o Conselho Executivo da Organização Mundial do Turismo (OMT), ligado à ONU, e é co-autor, com Gilvan de Brito, do livro *Destino Brasil - Novos Caminhos para o Turismo*, 1994, e co-organizador, com Luiz Gustavo Medeiros Barbosa da publicação *Discussão e Propostas para o Turismo no Brasil* do Observatório de Inovação do Turismo Ebape/FGV-RJ.

Roberto Macedo é economista formado pela Faculdade de Economia, Administração e Contabilidade da Universidade de São Paulo (FEA-USP), com mestrado e doutorado pela Universidade Harvard (EUA). Foi professor titular em sua especialidade, chefe do Departamento de Economia e diretor da FEA-USP. É vice-presidente da Associação Comercial de São Paulo (SP), membro do Conselho de Administração da Nossa Caixa Desenvolvimento, assessor da Faculdade de Economia da Fundação Armando Álvares Penteado (FAAP), articulista de *O Estado de S. Paulo* e sócio das consultorias MGSP e Websetorial. Foi Secretário de Política Econômica do Ministério da Fazenda.

Marcos Calliari é economista pela Faculdade de Economia, Administração e Contabilidade da Universidade de São Paulo (FEA-USP) e tem MBA na Fundação Instituto de Administração (FIA), da mesma universidade, e no *campus* europeu do Insead, em Fontainebleau, França. Foi professor e coordenador de Marketing de Relacionamento do Ibmec (MBA in Company) e executivo em empresas como Credicard, Souza Cruz e AmBev. Foi vice-presidente global das empresas Englishtown e EF, maior grupo privado de educação do mundo, tendo vivido em Boston (Estados Unidos), Milão (Itália) e Xangai (China). Atualmente, é sócio-diretor da Agência Namosca, especializada em atividades de consultoria e comunicação para o público jovem.

Armando Lourenzo é doutor em Administração e mestre em Recursos Humanos pela Faculdade de Economia, Administração e Contabilidade da Universidade de São Paulo (FEA-USP). Professor convidado da Fundação Instituto de Administração (FIA), também da USP, e da Pontifícia Universidade Católica (PUC), é diretor da Universidade Corporativa da Ernst Young e autor dos livros *Empresa familiar: um sonho realizado, Marketing fundamental* e *Nos bastidores da empresa familiar*.

Bruna Dias é gerente de Orientação de Carreiras da Cia. de Talentos, unidade de negócios do Grupo DMRH, voltado para a consultoria de recursos humanos. Graduada em Psicologia pela Pontifícia Universidade Católica de São Paulo (PUC-SP), tem especialização em Orientação Profissional pelo Instituto Pieron, formação e certificação em Coaching Integrado (ICI) e é professora convidada da FEA-USP, FIA-USP e Fundação Dom Cabral. Como orientadora profissional e *coach*, tem experiência no atendimento de adolescentes e universitários e no gerenciamento de projetos de seleção e desenvolvimento de estagiários e *trainees* de empresas.

Alexandre Oliveira é diretor de investimentos (*principal investment officer*) do Departamento de Saúde e Educação da International Finance Corporation (IFC), membro do Banco Mundial. É responsável por avaliação, estruturação e negociação de investimentos da IFC nos setores de saúde e educação na América Latina. Formado em Engenharia Civil pela Escola Politécnica da Universidade de São Paulo e em Administração de Empresas pela Fundação Getúlio Vargas em São Paulo, fez MBA pela Kellogg Graduate School of Management, em Evanston, Illinois, EUA, com especialização em Finanças.

Ney José Lazzari tem graduação em Ciências Econômicas pela Faculdade de Ciências Econômicas do Alto Taquari (Faceat), de Lajeado, RS, e mestrado em Gestão Universitária pela Universidade São Marcos, em São Paulo (SP). É vice-presidente da Fundação Vale do Taquari de Educação e Desenvolvimento Social (Fuvates), mantenedora do Centro Universitário Univates, em Lajeado, onde é reitor desde 1999. Preside o Conselho Regional de Desenvolvimento do Vale do Taquari (Codevat) e o Consórcio das Universidades Comunitárias Gaúchas (Comung).

José Wilson dos Santos é diretor acadêmico e coordenador pedagógico da Faculdade Ages e mantenedor dos Empreendimentos Ages em Paripiranga (BA). Mestrando em Gestão de Sistemas Educacionais na Faculdade de Ensinos Administrativos (Fead) de Belo Horizonte (MG), tem MBA em Gestão Acadêmica e Universitária pela Fundação Pedro Leopoldo, também de Belo Horizonte. Graduado em Letras/Português pela Universidade Federal de Sergipe, tem aperfeiçoamento profissional em Gestão Educacional pela Campbellsville University, de Campbellsville, Kentucky, EUA (2008).

Paulo Eduardo Marcondes de Salles é administrador e psicólogo, especialista em Marketing, Planejamento Estratégico, Psicologia Social e Comportamento do Consumidor. Mestre em Administração e em Gestão Universitária e doutor em Engenharia da Produção e Gestão de Negócios (Planejamento Estratégico), foi professor universitário por cerca de 35 anos, coordenador de cursos de graduação, coordenador de estágios, coordenador de TCC e diretor acadêmico. Atualmente, é pró-reitor administrativo do Centro Universitário São Camilo em São Paulo (SP).

Gilberto Cupola é consultor sênior da Towers Watson Brasil, empresa de gerenciamento de pessoas, finanças e riscos, e desenvolve projetos focados em recursos humanos. Responsável pela criação do Club Survey de empresas de petróleo e gás, que gerencia desde 2004, e gerencia ainda projetos de consultoria de diversos clientes deste segmento, bem como do Club Survey de empresas de energia elétrica e de instituições de ensino superior. Formado em Administração de Empresas, é pós-graduado em Administração de Recursos Humanos pela Fundação Armando Álvares Penteado (FAAP) de São Paulo (SP).

Maria Bernadete Pupo é graduada em Administração de Empresas com ênfase em Recursos Humanos pela Universidade

Anhembi Morumbi, em São Paulo (SP), pós-graduada em Direito do Trabalho, mestra em Administração de Recursos Humanos e em Psicologia da Educação. Atua há dez anos na gerência de Recursos Humanos do Centro Universitário Fieo (Unifieo), na Zona Oeste de São Paulo (SP), onde atualmente é docente. Consultora de Recursos Humanos, é autora do livro *Empregabilidade acima dos 40 anos*.

Apresentação

Soluções para os desafios da educação no século 21

Apontar soluções para o futuro é um dos papéis fundamentais do Sindicato das Entidades Mantenedoras de Estabelecimentos de Ensino Superior no Estado de São Paulo (Semesp), como representante do ensino superior privado. E é isso que temos feito ao longo das 12 edições do FNESP, o Fórum Nacional: Ensino Superior Particular Brasileiro, que em 2010, uma vez mais, juntou renomados especialistas nacionais e internacionais para nos ajudar a pensar a próxima década da educação superior e sugerir soluções capazes de afrontar os desafios do século 21.

Sabemos que em todo o mundo, tradicionalmente, os modelos de educação superior passam por mudanças, como resultado da dinâmica intrínseca às sociedades livres e democráticas. Há uma crise do conceito de instituição de ensino superior a exigir a elaboração de um novo modelo, com reflexos no próprio sistema de educação superior. Há novas formas de pensar e criar alternativas para que as instituições de ensino superior possam responder com qualidade às demandas de acesso ao mercado universitário, ao uso de tecnologias da informação e comunicação pela sociedade do conhecimento, às mudanças em formação e gestão do capital humano e aos processos de internacionalização e globalização da educação superior.

A todo momento, novas formas de pensar e de atuar são submetidas à avaliação e discussão de gestores, educadores e especialistas, que são os profissionais qualificados para a importante tarefa de promover a inovação na educação superior. Por esse motivo, o Semesp promoveu, durante o 12º Fórum, uma ampla discussão sobre o sistema nacional de educação, a dinâmica e os desafios das IES no Brasil, sobre a competitividade dos países emergentes da Ásia, as melhores práticas de uso da tecnologia da informação e as tendências de crescimento econômico, em especial as perspectivas de investimentos e os impactos dos grandes eventos esportivos previstos para 2014 e 2016 no sistema de educação superior. Analisamos também as alternativas de ampliação do acesso e do financiamento, a melhoria da gestão corporativa e da prestação de serviços educacionais, as experiências empreendedoras, o perfil dos estudantes e as ações que podem ser implementadas para reter e captar alunos.

Para oferecer aos mantenedores e gestores das instituições de ensino superior um conjunto de práticas e alternativas baseado nas reflexões trazidas para esse debate, voltadas para a melhoria da competitividade, da governabilidade e da capacidade de atender às expectativas dos estudantes, o Semesp decidiu reunir essas ideias e formulações em um livro, que submete à avaliação de todos os que se dedicam à evolução e ao crescimento da educação superior.

Ao apresentar esta obra, gostaríamos de trazer também para análise uma reflexão que começa pelo questionamento da alocação e do retorno das verbas destinadas à educação no Brasil, em que há uma inversão de prioridades em detrimento dos ensinos fundamental e médio e termina pelo próprio modelo de educação superior que ainda prevalece no país.

Em primeiro lugar, é preciso acabar com a hipocrisia e com a falácia de que o problema do ensino superior se resolve com aumento de verbas. Na conferência que proferiu na abertura do 11º Fórum, em 2009, o economista, cientista social e professor Eduardo Gianetti da Fonseca já havia alertado que o problema da educação brasileira não é a falta de investimentos públicos, pois o Brasil está entre os países que mais aplicam recursos em educação. O grande desafio é estabelecermos uma política de prioridades, pois o perfil do gasto público em educação é que é distorcido. Cito textualmente o professor Gianetti: "É paradoxal no Brasil que o nível de renda familiar dos que frequentam o ensino superior privado seja inferior ao nível de renda familiar dos que cursam o nível superior público".

Em um país de renda média, como o Brasil, com persistência de grandes bolsões de pobreza, paradoxalmente, o ensino superior público tem beneficiado à parcela mais favorecida da população.

A Pesquisa Nacional por Amostra de Domicílios (Pnad) indica que 93% dos estudantes nas IES públicas estão entre os 40% mais ricos da população; e que 73% desses mesmos estudantes estão entre os 20% mais ricos da população. Ou seja: no Brasil, estamos pagando o ensino dos ricos com dinheiro público.

Nesse sentido, pode-se dizer que, no país, o Estado elitiza e a iniciativa privada democratiza, pois são as instituições privadas que garantem que a maior parcela da sociedade tenha acesso ao ensino superior. Sem a iniciativa privada, a taxa de escolaridade líquida, hoje perto de 13%, não chegaria a 5%.

De todo modo, não basta apenas aumentar o número de alunos no ensino superior. É preciso acabar com a visão do ensino superior como panaceia para resolver problemas de ascensão social. Há um déficit de formação de técnicos e profissionais de nível médio, imprescindíveis para o funcionamento da sociedade. E essa mão de obra, segundo o Instituto de Pesquisa Econômica Aplicada (Ipea), apresentará enorme déficit nos próximos anos, envolvendo setores importantes, como os de comércio e reparação; educação, saúde e serviços sociais; alojamento e alimentação; bem como o da construção.

O Brasil alcançou a universalização do ensino fundamental, é fato. Mas sem qualidade. Os indicadores da qualidade, como o Programa Internacional de Avaliação de Aluno (Pisa), colocam o país em péssima posição no *ranking* de aprendizado em ciências, matemática e leitura. A evasão em todos os níveis do ensino básico é alarmante: mais de 10 milhões de jovens não chegam até o final do ciclo básico. Há também enorme déficit de professores. E é preciso estabelecer diretrizes curriculares mais enxutas, com ênfase em matemática, língua portuguesa, história, geografia e introdução à ciência. Para tanto, temos que investir nas licenciaturas.

No Brasil, não temos engenheiros suficientes, porque ninguém aprende ciências nos ensinos fundamental e médio. O curso médio deveria urgentemente passar para quatro anos e se tornar terminativo: dois anos básicos e dois anos de aprofundamento em ciências humanas e exatas, com certificado de conclusão. Para isso, o curso médio também teria seu currículo enxugado, com o objetivo de garantir formação suficientemente boa para tornar o aluno apto ao emprego. Atualmente, dois terços dos empregadores brasileiros têm dificuldade para preencher vagas com profissionais qualificados. E essa constatação nos traz de volta à questão do modelo de ensino superior adotado no país.

Vivemos hoje um processo de expansão e de interiorização das redes de educação superior pública e privada. Porém, o modelo utilizado para a expansão da rede pública não tem contribuído para atender às necessidades de formação de mão de obra para o mercado e nem para garantir a qualidade da educação ou o apoio necessário ao desenvolvimento econômico e social do país em bases sustentáveis. O Brasil tem hoje 97 universidades públicas, cuja atuação é baseada em ensino, pesquisa e extensão. Infelizmente, a grande maioria dessas instituições pouco realiza em termos de extensão. E pouquíssimas entre elas dedicam-se, de fato, à pesquisa de ponta. Os cinco cursos com maior demanda concentram 40% dos alunos e formam para as carreiras de administração, direito, pedagogia, ciências contábeis e enfermagem.

Para garantirmos o desenvolvimento de carreiras nas áreas com maior déficit, como licenciatura, e em áreas clássicas do conhecimento de ponta, como matemática, física, química, biologia e informática, imprescindíveis para o desenvolvimento científico do país, seria recomendável mudar o modelo. Por que não estabelecer uma universidade de excelência em cada região (portanto, no máximo, cinco delas), com limite de alunos, semelhante ao adotado, por exemplo, pela Sorbonne na França?

Essas universidades seriam dedicadas à pesquisa em áreas de ponta e teriam a chance de ver sua competitividade ampliada, tornando-se referências no cenário internacional. Desse modo, ficaria a cargo dos centros universitários e das faculdades isoladas o encargo de executar as políticas públicas de educação e de desenvolver pesquisa de iniciação científica, bem como pesquisa docente e aplicada.

Essas instituições seriam encarregadas da formação de professores para a rede pública e da formação de profissionais para atender à demanda em áreas acadêmicas mais carentes. Naturalmente, os planos de carreira teriam de ser diferentes para cada tipo. Se analisarmos o número de professores existentes nas universidades brasileiras, constataremos que, dos 112 mil existentes, 44% são doutores e 28%, mestres. Quanto à dedicação, 92% atuam em regime parcial ou integral e 72% em regime integral não exclusivo.

Cabe assinalar que a contratação dos professores da rede pública em regime de tempo integral engessa o orçamento e não guarda relação com a qualidade de ensino. Portanto, seria preciso extinguir o *status* atual e deslocar a nata dos pesquisadores para aquelas cinco universidades que realizariam a pesquisa de ponta. Claro que, para isso, seria necessário exigir que os professores se dedicassem ao regime de tempo integral exclusivo. Seriam de 15 mil a 20 mil doutores e mestres, número realmente significativo.

O modelo poderia ser adotado, para começar, em São Paulo. Por que não juntar a Unicamp, USP e a Unesp, eliminando as linhas de pesquisa duplicadas e fazendo com que cada *campus* se dedicasse à atividade acadêmica específica na qual apresenta maior excelência e competitividade em termos globais? Apesar de ser a oitava economia do mundo, de ser considerado um país moderno e de ter a quinta população mundial, o Brasil não tem nenhuma das suas instituições acadêmicas – nem mesmo as três citadas – entre as 200 principais universidades do mundo. Na verdade, falta eficiência ao modelo.

Este livro reúne ideias e propostas que permitirão tornar o modelo brasileiro menos confuso e mais competitivo. Cada um dos capítulos aborda de forma objetiva e criativa os desafios que precisaremos enfrentar se quisermos pensar nas mudanças dos rumos da educação na próxima década. E, para isso, sabemos que não basta acompanhar as mudanças. É chegado o momento de desconstruir, para que possamos inovar e criar um novo modelo capaz de garantir a evolução e o crescimento da educação superior e o desenvolvimento cultural, social e econômico do país.

Hermes Ferreira Figueiredo
presidente do Semesp

1

Modelo brasileiro, democratização e futuro do ensino superior

A raiz da democracia é a oportunidade educacional. Esse conceito, formulado pelos pioneiros da Escola Nova, como Anísio Teixeira, Fernando de Azevedo e Lourenço Filho, continua válido, embora com uma nova característica, diferente daquela que esses grandes reformadores da educação preconizavam. Isso fica evidente quando se confronta o modelo brasileiro de educação com a realidade atual do ensino de terceiro grau e se tenta projetar soluções para os desafios da próxima década na educação superior.

O jornalista e professor de Economia da Pontifícia Universidade Católica de São Paulo (PUC-SP), Leonardo Trevisan, lembra que há quase 70 anos aqueles pioneiros pediam que o Estado brasileiro gerasse oportunidade educacional para a população. Eles começaram a ser atendidos, no entanto, somente a partir da metade da década de 1990. E, mesmo assim, apenas na faixa dos 7 aos 14 anos. Hoje, metade dos jovens ainda continua fora do ensino médio e, na faixa dos 18 a 24 anos, apenas 13% dos brasileiros estão no ensino superior. Um índice preocupantemente baixo, sobretudo se comparado com os 24% da China e os 80% da Coreia do Sul, para citar apenas dois países que são competidores diretos do Brasil nos mercados internacionais.

Diante disso, é o caso de perguntar: quem ofereceu de fato oportunidade educacional? Quem contribui mais para a democratização da educação?

No caso do ensino superior, os números são expressivos. De 1999 a 2009, o número de instituições privadas cresceu 148%, enquanto o número de instituições públicas cresceu 30%. Uma diferença de quase cinco vezes. Do total de matrículas, que passa de 6 milhões, 75% estão no ensino privado. De cada quatro jovens que frequentam a educação superior do país, três estudam em instituição privada.

Qual é o resultado dessa expansão? Uma pesquisa realizada pelo Semesp mostra que 86% da mão de obra com nível superior em São Paulo são egressos de instituições privadas. Isso quer dizer que, de cada 10 empregados, 8,6% vieram de instituições privadas. Essa mesma pesquisa aponta ainda que 69% dos profissionais mudam de cargo ou de emprego logo depois que se formam num curso superior. Esses dados confirmam um estudo do sociólogo Simão Schwartzman, segundo o qual a remuneração homem/hora do trabalhador formado aumenta 104% em relação à do que chegou apenas ao ensino médio.

Quadro 1

Expansão do Ensino Superior

1999 a 2009
- Nº de instituições privadas cresce 148%
- Nº de instituições públicas cresce 31%

2009
- Total de matrículas: 5,080 milhões
- Só privadas: 3,80 milhões
- Só públicas: 1,28 milhão

Nº de vagas
- Expansão na rede privada: 363%
- Expansão na rede pública: 67%
- 75% das matrículas estão no ensino superior privado
- (em SP: 87% das matrículas)

Resultado da expansão registrada
- Estudar é bom negócio
- Formado: chance de ocupação aumenta 75%
- Salário do formado sobe 104%
- 86% da mão de obra com nível superior em SP proveem da rede privada

Portanto, quando se observa o perfil do sistema educacional, percebe-se claramente que a oportunidade educacional oferecida pelo Estado, ao contrário do que preconizavam os pioneiros da educação brasileira nos anos 1930 e 1940, não é a principal responsável pela democratização: 93% dos estudantes das universidades públicas estão entre os 40% mais ricos do país e 73% estão na faixa dos 20% mais ricos, ou seja, todo o conjunto da sociedade financia a oportunidade educacional oferecida pelo Estado à parcela que menos necessitaria desse apoio.

Quando se considera esse quadro, fica evidente que o atual modelo brasileiro de educação delega à iniciativa privada a democratização do ensino superior. Aliás o ex-presidente Luiz Inácio Lula da Silva admitiu publicamente em 2010 que, sem as instituições privadas, a maioria dos jovens brasileiros não teria acesso à educação superior.

A questão é que, além de distribuídos de forma desigual, os 6 milhões de matrículas oferecidos pela iniciativa privada e pelo Estado não são suficientes para formar a mão de obra necessária para o desenvolvimento do país. Leonardo Trevisan lembra as dificuldades da Petrobras para construir um novo estaleiro com verba alocada pelo BNDES: "O projeto foi obrigado a 'importar' 600 trabalhadores chineses, porque o país não conta com trabalhadores especializados em nível técnico médio capacitados para exercer as funções exigidas".

Na verdade, já no 11º FNESP, os especialistas internacionais Martin Escobari e Claudio Rama tocaram num ponto fundamental: o modelo atual não admite a passagem do sistema de conhecimento para o sistema de competência. O sistema de avaliação centralizado não ajudará a atrair jovens para o ensino superior caso continue a oferecer apenas acumulação de conhecimento sem gerar competência, no sentido de garantir sua empregabilidade. Daí a necessidade, defendida pelos dois especialistas, de se construir um novo modelo que admita a existência de agências avaliadoras autônomas, o que significa admitir a democracia nesse processo de decisão, sem a "burocracia do carimbo" – isto é, a atestação oficial do Estado quanto à qualidade de tal ou qual escola.

A pergunta inevitável é: existe saída para essa situação? Segundo Trevisan, existe ao menos uma referência para lidar com ela: "Uma referência interessante, moderna, chamada Plano Bolonha".

Quadro 2
Perfil do Sistema

Setor Estatal
- 93% dos estudantes das universidades públicas estão entre os 40% mais ricos (IBGE)
- 73% estão na faixa dos 20% mais ricos
- Custo anual da universidade pública por aluno: R$ 15 mil (R$ 11 mil sem precatório e inativo)

Setor Privado
- Faturamento é de R$ 24 bilhões
- Gera 380 mil empregos (208 mil professores, sendo 109 mil mestres e doutores)
- Massa salarial de R$ 16 bilhões
- 84% das instituições são de pequeno porte

O Plano Bolonha teve como objetivo estabelecer igualdade entre sociedades que, no quadro do processo de formação da Comunidade Europeia, estavam em situações desiguais na educação. Ele foi gestado em 1999 e, como lembra Trevisan, sua criação encerra a mesma ideia da criação do euro, cuja introdução ocorreu em 2000. "A ideia de construir uma União Europeia pela moeda é equivalente à de fortalecer uma identidade europeia a partir da educação superior", diz ele.

Nesse processo, alguns componentes básicos merecem atenção. Em primeiro lugar, o currículo unificado, que tem sentido profundamente democrático, na medida em que oferece a possibilidade de incluir aqueles que não estão representados e garante mobilidade através do crédito multivalidado. "Na prática, isso significa que quem fez matemática I na França, ao responder a uma vaga de emprego na Irlanda, carrega o crédito de matemática I e vai fazer matemática II na Irlanda. Na origem disso está a ideia da educação continuada", afirma Trevisan.

Para ter operacionalidade, a educação continuada precisa garantir livre mobilidade para o estudante – mas mobilidade atrás de emprego, o que está conectado com o próprio motivo pelo qual alguém estuda. A escola não pode continuar a ser entendida como espaço que oferece um estoque de conhecimentos e, no final, dá um anel de formatura para representar isso. Trevisan destaca que "quando você leva o currículo a pensar em termos de sistema de carreira, você está pensando em priorizar o emprego, e não o anel de formatura. Por isso, esse sistema deve garantir agilidade nos mecanismos de homologação de créditos e títulos".

O sistema implantado pelo Plano Bolonha tem problemas? Tem. Um deles é que a forte resistência dos professores e dos alunos a ele. Em 2009, às vésperas de o Plano Bolonha completar sua primeira década, houve uma enorme manifestação de estudantes em Madri contra o Plano, com base no temor de o sistema lhes tirar matrículas ao abrir espaço nas universidades espanholas para estudantes de outros países da Comunidade Europeia. E, por outro lado, em defesa da universidade pública, de grande tradição nos países europeus. Mas, apesar dos protestos, os últimos dados disponíveis mostravam que 95% das universidades europeias já haviam aderido ao Plano Bolonha. E aderiram porque a Fundação Erasmo, a Fundação Leonardo e a Fundação Galileu só dão verba para bolsas de estudos às instituições que aderirem ao Plano Bolonha. Na verdade, os europeus sabem que, tanto quanto são importantes a aceitação e o fortalecimento do euro, é importante também mudar a mentalidade do ensino superior. No final de 2010, data-limite do Processo Bolonha, consistente na formação do Espaço Europeu de Educação Superior (EEES) – em inglês, European Higher Education Area (EHEA) –, 47 países haviam aderido ao sistema.

Quando olhamos para isso, percebemos que o Brasil ainda não está sequer colocado frente a frente com os problemas que Bolonha tem despertado em sua aplicação nos países da Europa. Na verdade, ainda temos problemas anteriores para discutir.

Leonardo Trevisan deu a esses problemas o nome de "fantasmas sem futuro do ensino superior brasileiro", e eles não teriam futuro por serem exatamente isso: fantasmas, mitos. O primeiro fantasma, já mencionado, é a crença de que quem democratiza o ensino superior e abre novas oportunidades à população é o Estado brasileiro. O professor Trevisan comenta: "Quem acredita nisso deveria observar os problemas enfrentados pela USP-Leste",

> Na faixa dos 18 a 24 anos, apenas 13% dos brasileiros estão no ensino superior. Índice preocupante se comparado com os 24% da China e os 80% da Coreia do Sul.

braço da Universidade de São Paulo levado para a Zona Leste da metrópole paulistana. "Ali, abriu-se um curso de enfermagem e, com a prepotência habitual, esqueceu-se de perguntar para o Conselho Regional de Enfermagem se o currículo escolhido conseguiria formar enfermeiros para o mercado. Tiveram que cancelar os diplomas e trazer os alunos de volta para completar a capacitação", conclui.

A ideia de que currículo e duração de cursos tradicionais são sempre os melhores é outro dos "fantasmas sem futuro" da educação superior brasileira. Assim como o fantasma que Trevisan chama de "império da modernização conservadora". Segundo ele, a universidade brasileira sempre moderniza deixando tudo igual, o que mostra que, se quisermos adotar algum item na linha do Plano Bolonha, teremos que superar esses fantasmas, "o que é mais ou menos como trocar a roda do carro andando".

Na visão de Trevisan, considerando os cenários possíveis para a educação brasileira na década 2011-2020, o cenário de curto prazo é a obrigação de estabelecer um vínculo entre educação e trabalho. Para isso, ele considera fundamental reformar e revitalizar os cursos.

"Como dar emprego para toda essa gente que se forma? Primeiro, é preciso saber o que as empresas querem na atualidade", considera o professor. "As universidades norte-americanas foram atrás dessa resposta e descobriram que as empresas não querem só o engenheiro, o analista de sistema etc. Elas oferecem oportunidades para o profissional que souber trabalhar em equipe, que tiver capacidade de comunicação, habilidade de escrita, capacidade analítica. E aí começaram a desenvolver essa coisa que nós, aqui no Brasil, nem pensamos em ter numa instituição superior, que é o conselheiro de carreira", diz Trevisan.

O que esse profissional faz? Ele articula e ensina a articular o diploma universitário com a necessidade da empresa no mercado. Por exemplo: em plena recessão econômica, onde colocar para trabalhar uma pessoa formada em filosofia? Considerando que o filósofo é um profissional capaz de usar a lógica para chegar a diferentes conclusões e que as empresas necessitam de pessoas com capacidade analítica, é fácil imaginar que o filósofo possa ser um profissional para o qual existe espaço numa empresa. E um bacharel em letras? Segundo Trevisan, certamente é o profissional mais capaz de pensar na diversidade, já que um texto literário não lida apenas com uma verdade, mas com várias. É para tornar empregável um jovem formado em filosofia ou literatura – ou seja, para vender esse diploma de um jeito diferente, adequado ao mercado de trabalho – que existe o conselheiro de carreira.

Outro exemplo para o curto prazo oferecido por Trevisan é o da China, cuja educação clássica tem grandes semelhanças com a nossa. "Lá, eles têm os mesmos problemas: universidades paquidérmicas, completamente atrasadas, plágio, excesso de papel. A diferença é que eles têm o chamado 'centralismo democrático'. Assim, no início de 2010, o presidente Hu Jintao avisou que mudaria tudo na educação superior chinesa. E a educação chinesa voltou a valorizar os cursos de tecnólogo, feitos em apenas dois anos, porque as empresas chinesas precisam de técnicos e a educação superior passará a formar os profissionais de que a nação chinesa precisa".

A semelhança com o Brasil, no caso, é que, ao perceber que o ensino superior chinês tinha todos os defeitos e nenhuma vantagem, o país desenvolveu na prática uma estrutura paralela. "Se pararmos para pensar, também fizemos isso no Brasil, embora não por iniciativa do governo, nem tampouco sem resistências do sistema oficial", considera Trevisan. "O Brasil tem uma universidade pública absolutamente engessada e um sistema de ensino superior privado, com 75% das matrículas, que funciona lado a lado com o ensino público".

Esse processo nos leva ao cenário de longo prazo, que é a nova tecnologia, a portabilidade da informação, o material didático interativo. Essa nova realidade, segundo Trevisan, exigirá outros papéis a serem desempenhados por todos os envolvidos, do mantenedor ao professor. Ou seja, a universidade precisará adotar outra dinâmica. Mais do que nunca, será preciso introduzir nas instituições a ideia de carreira, de empregabilidade, convencer os professores de que eles precisam tornar os alunos empregáveis. Para isso, afirma o professor, a iniciativa privada precisa participar mais dos processos de decisão referentes ao sistema educacional, não pode ficar tão excluída.

Nesse sentido, o diretor do Semesp e presidente da Associação Nacional da Educação Tecnológica, Fernando Leme do Prado, destaca que o ensino privado já demonstrou sua preocupação em construir, desconstruir e reconstruir o conhecimento diante dos desafios tecnológicos que estão por vir, embora esse clima ainda contraste com a realidade na qual mantenedores e gestores continuam constantemente pressionados pelas questões disciplinares e conteudísticas.

Nas palavras do próprio Leme Prado, "em vez de sermos estimulados a preparar as pessoas para o futuro, tenho a sensação de que estamos sendo pressionados a preparar as pessoas para o passado, estamos prisioneiros de exames como o Enem e o Enade, que cobram conteúdos". E ele deixa no ar uma dúvida: "Será que, com essa mentalidade conteudista, não estaríamos nos 'despreparando' para enfrentar a realidade tecnológica que precisamos construir?".

Esse é, com toda a certeza, um importante desafio para a próxima década na educação superior

2

Novas tecnologias na educação

A utilização de recursos tecnológicos aplicados à educação tem sido de fundamental importância para a melhoria da qualidade do ensino, bem como para a gestão das instituições educacionais. Novas tecnologias e ferramentas de gestão e de apoio ao ensino, tanto presencial quanto de educação a distância, têm oferecido vantagem competitiva às IES, graças à implantação de metodologias e técnicas de ensino-aprendizagem mais dinâmicas e interativas.

Para Cecília Tavares de Anderlini, diretora do Semesp, "em educação, tudo leva um certo tempo para o amadurecimento e a utilização de novas práticas para construção de conhecimento não foge a essa regra". Por isso, diz, "o uso da tecnologia é a ferramenta que norteará o desenvolvimento do processo educacional no decorrer do século 21, mas os técnicos conhecedores dessas novas tecnologias precisam fazer uma imersão nas exigências da área acadêmica, viabilizando o uso das ferramentas disponíveis para melhor utilização por gestores, professores e corpo discente".

De fato, a grande dificuldade ainda é conseguir integrar tecnologia com bons projetos pedagógicos, devido à dificuldade de compreender os avanços tecnológicos e utilizá-los no campo acadêmico, tanto no aspecto do ensino como no da aprendizagem.

Wim Veen, professor de Educação e Tecnologia da Delft University of Technology, na Holanda, também considera que a aplicação de novas tecnologias à educação diz respeito muito mais à pedagogia do que à própria tecnologia. "Quando fui para a Universidade Tecnológica de Delft, há dez anos, convidado para implantar novas tecnologias nas práticas educativas, comecei a pensar que o que se entende por execução de sistemas de informação e tecnologia na educação não é questão de tecnologia. Se você quiser mudar a educação, a questão é de pedagogia." O desafio, portanto, é adequar a estrutura pedagógica ao perfil das novas gerações.

Segundo Wim Veen, que leciona na Faculdade de Tecnologia, Política e Gestão da universidade holandesa, as novas gerações são compostas de pessoas que conheceram o mundo pela Internet. "A primeira janela para o mundo desses jovens é uma tela de computador. Aos 3 anos de idade, eles começam a usar computadores. Domingo de manhã, enquanto os adultos continuam a dormir, eles começam a brincar com joguinhos no iPhone da mãe ou do pai. Aos 8 anos, ganham seu primeiro *kit* de jogo e, depois, têm acesso a telefones celulares multifuncionais e assim por diante", afirma o professor.

Ele destaca que, quando vão para a escola, essas crianças já fizeram boa parte do currículo sozinhas, em seus computadores. "Essas crianças são testadas para dirigir seu próprio

Quadro 3
Digital *versus* Analógico

Modos de aprender

Homo Zapiens	*Homo Sapiens*
• Ritmo aos saltos	• Ritmo linear/convencional
• Multitarefa	• Monotarefa
• Abordagem não linear	• Abordagem linear
• Leitura predominante: imagens	• Leitura predominante: palavras
• Conectado	• Isolado
• Colaborativo	• Competitivo
• Ativo	• Passivo
• Aprende externalizando	• Aprende internalizando
• Recompensa imediata	• Paciência
• Fantasia	• Realidade

processo", diz, lembrando que essas mídias são usadas diariamente por elas – jogando uma série de diferentes jogos, falando umas com as outras sobre as estratégias utilizadas, dividindo tarefas, estabelecendo metas e tentando alcançá-las de forma cooperativa. E tudo isso sem ler manuais. Nessas atividades, elas integram amigos que não estão nas proximidades, mas que jogam de algum lugar do país ou do mundo e se comunicam por um dispositivo ou ferramenta de *software*.

Veen criou uma divertida expressão, *homo zapiens*, inspirada no verbo "zapear", aplicado às constantes mudanças de canais à procura de programas de interesse na televisão. Com ela, o professor identifica os membros das atuais gerações em relação às formas de aprendizado, quando comparados com os demais integrantes da raça humana, os *homo sapiens*. Ele raciocina: enquanto as gerações anteriores aprenderam num ritmo

Quadro 4

Referências do *Homo Zapiens*

É ORIENTADO POR RECURSOS DIGITAIS E MULTIMÍDIA:

ORIENTA-SE POR MENUS, PALAVRAS-CHAVES E *TAGS*:

Apoia-se em desafios, criatividade e autoestima

convencional a partir de uma visão linear e são pessoas mono-tarefas, passivas, individualistas e competitivas, os *homo zapiens* aprendem a partir de uma visão não linear e são acelerados, multitarefas, ativos, conectados e colaborativos.

"Um dos meus alunos está fazendo seu doutorado sobre um jogo interativo em que você tenta construir uma nave espacial e precisa de mais ou menos cem pessoas trabalhando juntas, enquanto viajam no espaço e deparam com inimigos, buracos negros e outros perigos. O jogo demora seis meses e envolve uma centena de pessoas para construir a nave. Então, estamos tentando pesquisar por que os jovens passam 20, 30, 40 horas por semana em jogos desse tipo no computador", diz o professor.

Quadro 5

Uso diário de mídias

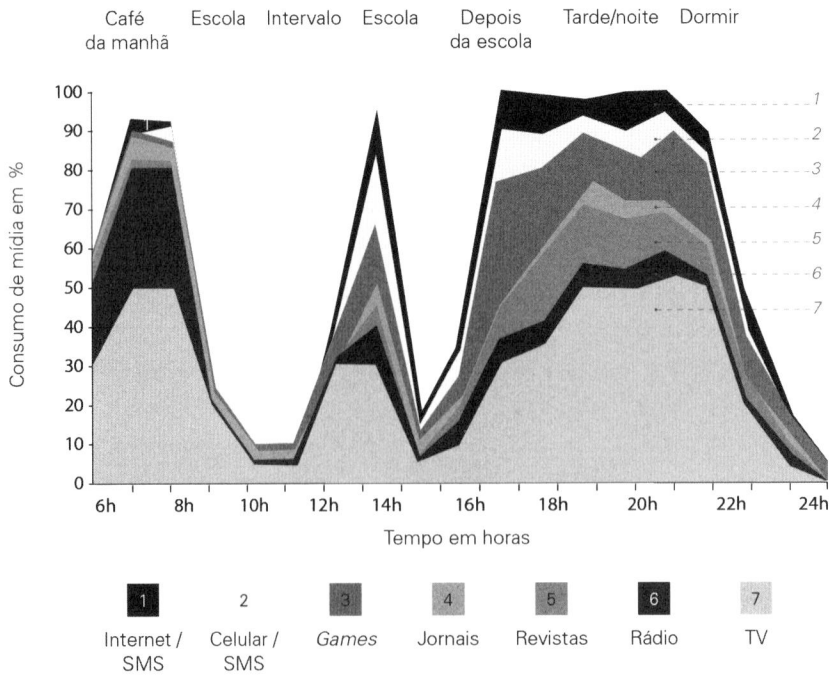

Para ele, há duas ou três razões pelas quais os jogos interativos são tão atraentes. A primeira é que, como o jogador escolheu a sua própria estratégia, ele está no controle do seu jogo, ou seja, no controle do processo de aprendizagem. A segunda é que esse jogador cria e, durante o processo ou quando este termina, pode compartilhar sua criação com outros. "Sem falar que, para começar, os jogos são muito divertidos", diz Veen, lembrando, porém, que a Internet não é somente diversão, mas uma plataforma de comunicação e aprendizado – e os jovens entenderam isso.

"Os jovens estão se comunicando com várias pessoas ao mesmo tempo através de programas de relacionamento", relata o professor. "Você olha para a tela do computador de um menino de 13 anos e ele está se comunicando com seus amigos. No canto direito dessa tela você vê a lista dos participantes e, ao mesmo tempo, o pessoal está ouvindo música, compartilha fotos e vídeos e usa as plataformas disponíveis para anúncios gratuitos."

Diante disso, muitas pessoas, como pais e professores, se preocupam, achando que esses jovens não compartilham aprendizagem, apenas copiam e colam textos pesquisados; que não têm disciplina, nem concentração em sala de aula; que têm comportamento estranho. Para essas pessoas, a Internet e os computadores são os culpados. "Mas minha opinião é bastante diferente", afirma Wim Veen. "Esse garoto que está fazendo sua lição de matemática e, ao mesmo tempo, está escutando música, telefonando para um amigo e pesquisando em um *site*, é um ser multitarefa. Na verdade, ele leva mais tempo para fazer a lição de casa, porque o cérebro humano não é capaz de realizar várias tarefas ao mesmo tempo. Mas ele pode fazer tudo isso em sequência, talvez gastando mais tempo para fazer a lição, mas processando esse fluxo de informações contínuo em benefício do aprendizado."

Veen lembra que as gerações anteriores foram treinadas para ler livros, escritos de forma linear, e que elas não podem fugir disso. Então, a abordagem da aprendizagem para essas gerações é bastante diferente. A principal atividade de aprendizagem com livros é a interpretação. As novas gerações aprendem com os jogos, mas eles nunca interpretam, eles configuram. Eles têm de configurar o jogo para jogar do jeito que quiserem.

"Um jogo é uma comunicação interativa em dois sentidos – entre um jogador e uma comunidade", diz Veen. "Um livro é uma comunicação de uma via com você mesmo. Se você cresceu com os livros, vai aprender habilidades diferentes das que aprenderia se tivesse crescido diante de telas de computador. Nós estamos agora reduzindo a escassez de informação e de comunicação através de uma revolução digital na qual estamos inseridos e que apenas começou. As novas gerações estão usando uma série de dispositivos para se comunicar em conjunto, e elas têm valores diferentes. Esses jovens querem seus produtos e serviços personalizados. Assim sendo, esperam que também a educação seja personalizada. Eles entenderam que ganham com o compartilhamento, então, por que deveriam fazer uma lição ou uma prova por conta própria e sozinhos? Eles entenderam que, como cidadãos e aprendizes, têm poder para mudar as coisas. Se os alunos têm que fazer um trabalho no meu departamento, eles fazem apenas duas perguntas: 'Com quem eu vou trabalhar?' e 'Posso fazer o que eu quiser?'. Isso é o que basta para eles."

A experiência vivida na Universidade de Delft mostra que instituições tradicionais são analógicas e lineares, enquanto seus alunos são digitais e não lineares. Na sala de aula tradicional de uma faculdade técnica, temos professores fazendo uma série de atividades na frente dos alunos, e suas atividades fazem parte do processo de aprendizagem. A questão é: quem aprende mais nesse sistema em sala de aula, os alunos ou o professor?

Para Wim Veen, quem aprende mais é o professor. "Ele está fazendo o aprendizado na aula e manda os alunos para casa para que façam o mesmo. Ele poderia fazer de forma diferente, ajudando os alunos a agregar esta informação contínua e distribuída para trabalhar com seus colegas em uma rede, na qual cada um tem uma parte do conhecimento. Ele poderia ajudá-los a compartilhar conhecimentos com os outros e produzir novos conhecimentos, tornar-se proativo com os alunos. Afinal, não é isso que atualmente as empresas buscam cada vez mais em seus funcionários?", questiona.

Em Delft, a universidade começou a partilhar seu conteúdo *online*. Ela disponibiliza gratuitamente programas de mestrado, palestras, notas e observações. Basta clicar sobre os conteúdos para ter acesso. "Nós estamos fazendo isso porque acreditamos que uma universidade deve realmente abrir as atividades, deve apresentar-se na rede para se tornar uma instituição de alta qua-

> A aplicação de novas tecnologias à educação
> diz respeito muito mais à pedagogia
> do que à tecnologia.

lidade – e é isso que queremos ser", diz Veen. De fato, de acordo com o *ranking* Times Higher Education (THE) de 2010, a Universidade de Tecnologia de Delft aparece como número 49 entre as 100 instituições de ensino superior mais bem avaliadas por acadêmicos no mundo todo. "Queremos compartilhar o nosso conteúdo de forma gratuita, aberta, digital, e não estou falando apenas sobre aprendizagem a distância. Não estamos dando notas ou conceitos *online,* você simplesmente pode ter acesso aos nossos materiais de forma gratuita."

Veen lembra que essa é uma abordagem específica para o conteúdo aberto e que há muitos modelos aplicáveis em todo o mundo. Aliás, tudo começou há sete anos, por iniciativa do Massachusetts Institute of Technology (MIT) – o número 2 do mundo em reputação, atrás apenas da Universidade Harvard –, e a conexão é bastante centrada na comunidade de instituições dos EUA, que são o grande destaque no *ranking* mencionado, com sete universidades entre as dez primeiras e 45 entre as cem mais prestigiadas pela comunidade acadêmica mundial. A escola holandesa abraçou esse modelo ao assinar a Declaração de Berlim sobre Acesso Aberto, em 2005. Dois anos depois, passava a oferecer material dos cursos *online* e gratuitamente, juntando-se ao chamado Consórcio OpenCourseWare (OCW) – um grupo de instituições educacionais que está na vanguarda do Open Education Movement (Movimento da Educação Aberta), que tem âmbito mundial.

Não se trata de curso aberto ou ensino a distância, mas de recursos, materiais didáticos utilizados nos cursos que são colocados *online* pelos professores e alunos para livre acesso de interessados de qualquer parte do mundo, tanto estudantes e docentes quanto profissionais ou simples curiosos. Em Delft, o sistema tem a colaboração 250 membros atualmente, que introduzem o conteúdo que querem compartilhar. "Perguntei aos meus colegas por que eles gostam de estar envolvidos num movimento desse tipo, e eles disseram que a principal tarefa das universidades é oferecer conhecimento, *know-how* e tecnologia na construção de um contexto internacional." O professor holandês concorda: "Um objetivo para nós, para melhorar a qualidade da educação e reforçar nossa reputação e nossa marca, é fazer exatamente o que os jovens estão fazendo no Facebook". Segundo Veen, a Universidade de Delft tem uma série de interesses envolvidos no movimento de curso aberto. "É isso que estamos tentando implantar em nossas faculdades, e a iniciativa está se tornando um grande sucesso", afirma.

Para que esse tipo de educação possa alcançar seu potencial, a abertura deve respeitar valores culturais. "A Educação aberta diz respeito a culturas, aos valores dentro das culturas", diz o professor holandês. "Então, não é uma tarefa simples. Nós fornecemos aos nossos professores ferramentas muito simples de usar – para não intimidá-los e, assim, podermos incluí-los em nossa iniciativa. Eles recebem um *kit* de ferramentas no qual colocam as coisas que podemos fazer juntos. Paralelamente, dispomos de um sistema de gerenciamento de mídia, um portal de informação e um centro de atendimento, já em operação, para que os professores sejam apoiados pela tecnologia ao dar seus cursos *online*."

A implantação inicial foi muito simples e começou com os alunos, porque isso era interessante neste tipo de aprendizagem, lembra o professor. Em seguida, ele tentou atrair os professores para, finalmente, criar aliados no movimento do curso aberto. "Contamos com 24 mil apresentações *online*, e a cada mês haverá novos acréscimos. Tivemos 350 mil visitantes ao longo dos últimos anos e sabemos se o público é de fora ou se são alunos da nossa universidade. Temos feito algumas pesquisas sobre a avaliação do aluno em relação a esses cursos abertos *online* e os resultados mostram que eles estão bastante satisfeitos com a forma de aprendizagem proposta", relata.

Quanto aos efeitos da aprendizagem, Wim Veen não dispõe de respostas conclusivas sobre se assistir aos cursos e palestras *online* leva os alunos a conquistar melhores notas. Mas este não é o objetivo visado. "A primeira questão é sobre a diversidade dos alunos. Cerca de 40% do nosso corpo discente são de fora da Holanda – eles vêm da China, da Tailândia, da Colômbia, da África e do Oriente Médio. Temos uma grande diversidade de pessoas, de estudantes no *campus*. Ainda assim, se a tecnologia é fácil de usar – e ela é, de fato –, nossos alunos podem assistir às palestras cinco ou mais vezes se quiserem. Nós fornecemos acesso à infraestrutura para eles adquirirem as habilidades que lhes permitam trabalhar com as novas mídias. É claro que existem diferenças de cultura. Os alunos chineses, por exemplo, são bastante diferentes dos estudantes holandeses. Na China, há uma cultura diferente: na conversa com um professor, há o que o aluno pode e o que não pode dizer. Isso é uma realidade e temos que trabalhar com ela. Quanto ao uso da tecnologia, é muito fácil superar as diferenças", garante.

Veen aborda também a questão que envolve a regulação do ensino e o uso das tecnologias pelas instituições. "No meu país, o sistema educacional é extremamente regulado. Os alunos têm que ter presença de 75% a 100% das aulas. Mas isso não faz diferença no que diz respeito a adotar novos meios de comunicação em nosso ensino, porque não queremos ser uma universidade média, mas estar entre as primeiras cem universidades do mundo. Então, temos que compartilhar nosso conhecimento com o mundo. Também podemos compartilhar nosso conhecimento com a indústria. Muitas indústrias estão usando o nosso conteúdo. Ou seja, não estamos criando conteúdo apenas para o nosso público-alvo principal, que são os alunos", diz ele.

Para Cecília Anderlini, no Brasil, esse processo ainda está em fase de implantação e é necessário que o professor entenda a necessidade de mudanças na sua maneira de contribuir para a construção do conhecimento dessa geração, que já chega ao ensino superior dominando a linguagem da informática. "Recentemente, uma pesquisa publicada na revista *Veja* mostrou que a grande maioria das escolas já possui e disponibiliza um bom parque tecnológico e que 70% dos professores conseguem de alguma forma trabalhar com seus alunos mesclando a forma tradicional e o uso das novas mídias nas práticas pedagógicas. Mas há também outro grupo, menor, que se sente incompatibilizado com as exigências impostas por essas mudanças", afirma a educadora.

Nesse sentido, como conquistar os professores que ainda demonstram alguma resistência à mudança?

O professor Wim Veen responde: "Você não pode forçar as pessoas, mas pode seduzi-las. A tecnologia pode lhes dar a perspectiva de estarem no palco, num cenário mundial, como peritos em suas áreas". E dá um exemplo: "Um colega meu da Faculdade de Engenharia, desde que mantém seu material *online*, recebe mensagens do mundo todo sobre suas abordagens de engenharia *offshore* [de plataformas marítimas]. Os professores colocam seu material *online* e trabalham nele porque não gostariam de estar na posição de um professor mediano, cujo material não despertasse interesse, cujos trabalhos ninguém quisesse ler ou ouvir. Nós demos um passo de qualidade em nosso conteúdo e nas nossas palestras apenas por colocá-las num palco mundial de professores e colegas do mundo inteiro. Se isso passa a ser um atrativo, não temos de convencê-los ou forçá-los. Os professores que não estão interessados em participar acabam caindo em uma espécie de isolamento. Os colegas perguntam: 'Por que você não colocou o seu material *online*?' Assim, a pressão do grupo é que os leva a começar a trabalhar lá, e eu não preciso fazer mais nada para convencê-los."

Para o professor, o processo de aprendizagem e disseminação do conhecimento com uso de várias plataformas simultâneas, possibilitando aos alunos e professores o máximo de aproveitamento das novas tecnologias, representa o futuro do ensino superior. Mas Wim Veen sabe que a resistência a esse processo não se limita aos professores. "Muitas instituições estão voltadas para uma sociedade que não existe mais. Utilizar novas tecnologias significa assumir riscos e muitas universidades, assim como alguns professores, não gostam de correr riscos", diz. Já isso não acontece quando se trata dos estudantes. Eles dificilmente se mostram resistentes, pois cresceram com as novas tecnologias e sabem como usá-las a seu favor.

"O que estamos vivenciando é a desconstrução do estilo conservador em favor da utilização de uma nova linguagem acadêmica com uso das novas mídias digitais", considera Cecília Anderlini. Para ela, as instituições estão buscando essa adequação de forma não muito acelerada, mas os caminhos já começam a ser percorridos na construção do conhecimento e na interação entre professores e alunos por meio dessas tecnologias.

De fato, tanto é possível aprender quando estão todos juntos em um mesmo espaço, quanto com os envolvidos distribuídos em espaços diferentes, inclusive a grande distância física. Mas, no ensino presencial, assim como no ensino a distância, as instituições que não adotarem uma postura voltada para novas tecnologias de aprendizagem poderão ficar de fora desse desenvolvimento no futuro. Por isso, o mais importante é que, nas relações entre as novas tecnologias e a educação, possa haver um espaço cada vez mais amplo para reflexão.

As instituições de ensino superior caminham rapidamente para uma gestão menos centralizada, mais flexível e integrada, e com maior participação de professores, alunos e da comunidade. No entanto, para que as novas tecnologias possam de fato facilitar o modo participativo de ensinar e aprender, ainda é necessário aliar a integração dessas tecnologias às já conhecidas, sem dispensar os métodos e as mídias convencionais nos processos de ensino.

LIVRO TEXTO GRÁTIS NA INTERNET

Universidades de ponta. Elas são a vanguarda do OpenCourseWare (OCW) – literalmente, "ferramentas de curso abertas", ou, melhor, material didático livre – e já começaram a revolucionar tanto o mercado do livro didático, que precisará repensar o negócio, pois os docentes colocam seus manuais na internet para acesso gratuito, quanto o modo de circulação do conhecimento.

No Massachusetts Institute of Technology (MIT), o slogan do site OCW é "Liberando Conhecimento, Empoderando Mentes". E o que se encontra ali é uma "editora web", que publica praticamente todo o conteúdo dos cursos do MIT, incluindo, além de manuais, notas de palestras e conferências, exames, vídeos, artigos, trabalhos – tudo o que professores e alunos desejarem compartilhar. Pioneiro na iniciativa, o MIT propôs o OCW em 2000 e dois anos depois colocava 50 cursos na versão experimental do site. Em novembro de 2007, todo o currículo estava no ar, com 1.800 cursos de 33 disciplinas acadêmicas. Desde então, os cursos são permanentemente atualizados, enquanto novos conteúdos e serviços são introduzidos.

A ideia voou mundo afora. Em 2008, foi formado o Consórcio OpenCourseWare, com 250 universidades e organizações dispostas disseminar o OCW e seu impacto nas oportunidades educacionais em todo o mundo. A missão do Consórcio consiste em fazer avançar o aprendizado formal e informal por meio do compartilhamento e do uso gratuito e aberto de materiais educacionais de alta qualidade organizados sob a forma de cursos. Coletivamente, o grupo já publicou mais de 13 mil cursos em 20 línguas (acessíveis em /www.ocwconsortium.org/). O Consórcio é mantido com dotação da Fundação William and Flora Hewlett, anuidades e verbas de membros contribuintes, entre eles a Delft University of Technology e outras europeias, o mexicano Instituto Tecnológico de Monterrey, várias escolas americanas, China, Coreia e Japão e a rede ibero-americana Universia.

Essas instituições são a vanguarda do florescente Movimento da Educação Aberta, que provê recursos educacionais gratuitos a qualquer estudante ou autodidata que disponha de conexão de internet. Não se trata, porém, de um curso a ser seguido nem haverá diplomas ou certificados para os usuários.

3

Educação na Ásia: competitividade e superação do atraso

O confucionismo exerceu enorme influência sobre a cultura e o pensamento asiáticos, permanecendo vivo até os dias atuais. Na China, um dos reflexos desse sistema filosófico milenar, que tinha na pedagogia uma das suas principais preocupações, é a seriedade com que os chineses encaram a educação. Em algumas aldeias chinesas mais pobres, por exemplo, não é incomum que a poupança de toda a comunidade seja destinada ao envio de um de seus membros à universidade. E há registros de pais ou mães chineses de áreas rurais que chegam a cometer suicídio porque se sentem culpados por não terem podido oferecer educação superior a seus filhos.

Apesar da perplexidade que relatos desse tipo causam nos ocidentais, é bem possível que as características herdadas do confucionismo também tenham contribuído para as grandes mudanças que ocorreram nas duas últimas décadas no financiamento da educação superior na Ásia. Diante da necessidade de ampliar a oferta de educação superior, sem deixar de envolver o Estado, o ensino superior dos países asiáticos tornou-se basicamente privado. E a perspectiva de pagar para que seus filhos frequentem uma universidade, como se deduz, foi bem acolhida pelas famílias asiáticas.

Porém, segundo Ka Ho Mok, diretor do Centro para Governança e Cidadania do Instituto de Educação da Universidade de Hong Kong, China, não foram apenas as demandas domésticas estimuladas pela herança cultural as responsáveis pela transformação do sistema de educação superior na Ásia. Para ele, o principal fator foi a globalização: "Em um mundo global, qualquer sistema de ensino superior deve responder às mudanças, não só no próprio país, mas também em outras partes do mundo. Foram principalmente algumas forças globais que provocaram essas mudanças na Ásia", explica.

Quando se fala de privatização do ensino superior na Ásia, é preciso contemplar, além da China, também Hong Kong (Região Administrativa Especial da República Popular da China), Coreia do Sul, Cingapura e Malásia, países nos quais se acreditou que as forças de mercado poderiam ser a solução para superar as falhas e transformar a educação superior. Nessas regiões, destaca o educador, "as pessoas não acreditavam que o Estado poderia atender às demandas educacionais. Por isso, o próprio Estado abriu a porta para que o mercado viesse a suprir as necessidades da população". Esse foi o pano de fundo das mudanças na região. "E uma das principais forças que levaram as sociedades asiáticas a entrar no mercado educacional foi a questão da competitividade", esclarece o professor Mok. "Os governos dos países asiáticos tentaram se tornar competentes para responder aos desafios globais, um dos quais é garantir que os nossos graduados no ensino superior pudessem desempenhar bem o seu papel em nível mundial, não apenas nacional. Hoje, é mais importante operar de forma competente no mundo global".

Essas exigências globais levaram os governos asiáticos a proporcionar mais oportunidades educacionais, alterando o financiamento para a educação superior e permitindo que o setor privado crescesse na região. Mas, diferentemente de um país como os Estados Unidos, em que o mercado é livre e o Estado não interfere, no caso do Leste Asiático, o mercado é influenciado pelo Estado. "E por que o Estado interfere no mercado? Porque ele quer ter certeza de que o mercado da educação vá realmente funcionar para atender às necessidades do povo. Assim, pode-se dizer que, na educação da Ásia, Estado e mercado não são separados", diz Mok.

Há, porém, um detalhe importante, que diz respeito à cooperação e à governança nas universidades criadas de acordo com esse novo padrão, revela o professor. "Antigamente, as universidades asiáticas eram gerenciadas pelo Ministério da Educação, que controlava quase tudo sobre as finanças e a governança das instituições. Mas, para responder às mudanças globais, quando o Ministério da Educação percebeu que o velho modo de governança centralizada não poderia promover mudanças e fazer essas instituições responderem cooperativamente ao desafio da globalização, os governos começaram a rever sua governança, permitindo a entrada de empresas no mercado educacional e a adoção de um modelo mais descentralizado nas universidades".

Em Hong Kong, por exemplo, o governo, que no passado dava um subsídio substancial para a educação superior, forneceu apenas uma parte dos subsídios e incentivou a universidade a se tornar empresarial. Ela tem de encontrar fontes adicionais de financiamento em outros setores, incluindo o mercado.

No caso de Taiwan, o governo mudou a forma de faturamento da universidade, liberando sua governança para que pudesse se tornar independente. A ideia por trás disso foi descentralizar a gestão para certificar-se de que a universidade pode gerir seus negócios de forma mais viável e responsável.

Cingapura também introduziu a privatização, ou seja, as universidades não dependem mais apenas do financiamento estatal e têm que procurar recursos em outros setores. A mesma coisa no Vietnã e na Malásia, onde a maioria das universidades é privada, e na Tailândia, que também adotou novas políticas para o ensino superior. Esses países descobriram que o modelo centralizado e controlado pelo Ministério da Educação não poderia fazer a universidade responder às exigências do mundo global. Por isso, nos últimos dez anos, o governo da Tailândia introduziu nas universidades a ideia de autonomia, deixando de ser o único provedor de financiamento. "Hoje, em Cingapura, na Malásia, na Tailândia, há mais universidades privadas, que estão desempenhando importante papel e que satisfazem às necessidades educacionais dos povos da Ásia", diz Mok. A Universidade Nacional de Cingapura, por exemplo, que nasceu de uma escola médica em 1905, é a 34ª no mundo e a 27ª em reputação (reconhecimento dos pares) segundo o mesmo *ranking* para 2010.

Na China, o grande desafio foi a maneira de introduzir a descentralização no "centralismo democrático" de gestão dos velhos tempos. Embora ainda mantenha o regime socialista e o sentido do adjetivo "democrático" tenha pouco a ver com o seu significado ocidental, o governo chinês vem mudando nos últimos 20 anos a governança do ensino superior, substituindo o padrão de resolução utilizado até agora pelo sistema de administração de processos, de modo a garantir maior viabilidade para a estrutura da educação superior do país.

Quadro 7
Combinação público-privada financia na Ásia (em milhões)

	Financiamento público	Financiamento privado	Total
China (2007)	16.121,94	21.847,51	37.969,45
Japão (2003)	74.949,16	56.620,57	131.569,73
Taiwan (2004)	2.744,24	6.517,58	9.261,82

Uma característica importante do processo de privatização do ensino superior na China, relatado por Ka Ho Mok, diz respeito à abertura para que instituições acadêmicas internacionais de classe mundial estabeleçam filiais no país, de modo a atender à expansão das matrículas provocada pelo desenvolvimento da economia local. "Ao decidir promover a universidade de classe mundial na China (e há mais de mil universidades no país), o governo simplesmente optou por oferecer recursos adicionais para algumas instituições por meio de projetos cujo objetivo é garantir que elas possam competir globalmente", diz Mok.

Não por outro motivo, na classificação mundial de universidades, há instituições chinesas muito próximas de algumas universidades de alto nível classificadas entre as 200 melhores do mundo. Segundo Ka Ho Mok, das 200 melhores universidades do *ranking* Times Higher Education (THE), em 2008, os EUA tinham 58; Hong Kong, cinco; e a China, seis. "Esses países investiram muito no ensino superior nos últimos anos, e essa é a razão pela qual suas universidades ocupam lugar bastante elevado na tabela mundial", comenta o professor. Do ponto de vista estratégico, para ter certeza de que algumas universidades cheguem a competir em âmbito global, o governo da China simplesmente seleciona algumas delas e lhes oferece recursos adicionais para que possam alcançar posições mais elevadas no *ranking*. A Universidade Tsing-

-hua, por exemplo, aparece no THE em 58º lugar na classificação mundial e em 35º no reconhecimento dos pares em 2010. Além da China, países como Cingapura, Malásia, Hong Kong, Coreia do Sul e Índia estão se desenvolvendo em educação para oferecer serviços educacionais e capturar estudantes estrangeiros como forma de gerar receitas e impulsionar suas economias. Eles também estão incentivando empresas de *e-learning* e de consultoria educacional a participar nas atividades de negócios, como forma de diversificar seu financiamento, por um lado, e para se certificar de que a universidade pode se envolver com as mudanças no mundo de modo mais cooperativo.

"A Universidade de Nottingham, do Reino Unido, tem um *campus* na China, assim como outras universidades inglesas e australianas", destaca Ka Ho Mok. Segundo ele, faz parte das forças internas de desenvolvimento da privatização da educação asiática a história local, que recebeu influência de vários países no período colonial. "Malásia e Hong Kong, por exemplo, foram colônias da Grã-Bretanha. Coreia do Sul e Taiwan eram colônias japonesas. Assim, fica evidente que, quando comparamos a evolução do ensino superior na Ásia, emerge o fato de que a história colonial também contribuiu para os diferentes padrões de desenvolvimento do ensino superior na região".

De acordo com o educador, outra força interna importante nesse quadro é a tentativa desses países de recuperar o atraso comparativamente ao desenvolvimento econômico dos países europeus e dos EUA, fazendo uso do setor privado no ensino superior. E, para isso, os governos na Ásia são muito pragmáticos, diz Mok: "Eles tentam investir mais na educação, mas, como sabem que o financiamento estatal não é suficiente para desenvolver a educação superior, permitem que o mercado e outros setores se envolvam para desempenhar um papel mais importante no financiamento da educação e da oferta de ensino".

Já que o Estado não dá conta sozinho das demandas da população e precisa de recursos complementares do setor privado, a Universidade de Hong Kong, por exemplo, incentivou a colaboração da indústria, enquanto o governo de Taiwan buscou a integração, promovendo mudanças nos currículos dos cursos, levando os alunos a interagir com os diversos setores de atividade das indústrias. Assim, a aprendizagem não ocorre apenas na sala de aula.

Quadro 8

Grandes universidades estrangeiras no Oriente

EMIRADOS ÁRABES UNIDOS
Heriot Watt University / GB
European University College Brussels / Bélgica
Islamic Azad University / Irã
Mahatma Gandhi University / Índia
Middlesex University / GB
Saint-Petersburg State University / Rússia
University of New Brunswick / Canadá
University of Wollongong / Austrália

CHINA
Nottingham University / GB
Missouri State University / EUA
University of Liverpool / GB
New York Institute of Technology / EUA

JORDÂNIA
DePaul University / EUA

KUWAIT
Boston University / EUA

ÍNDIA
Michigan Technological University / EUA

TAILÂNDIA
Jinan University / China

QATAR
Georgetown University / EUA
Texas A&M University / EUA
Weill Cornell Medical College / EUA
Carnegie Mellon University / EUA

MALÁSIA
University of Nottingham / GB
Monash University / Austrália
Curtin University / Austrália
Swinburne Univ. of Technlogy / Austrália

CINGAPURA
Insead / França
Stanford University / EUA
Massachusetts Institute of Technology / EUA
University of Chicago / EUA

Fonte: Website Kuala Lumpur Education City

Segundo Ka Ho Mok, na China, o financiamento privado já supera em valor o financiamento público, o mesmo acontecendo em Taiwan e no Japão. Ele destaca ainda que o ensino superior privado tem crescido também em número de alunos. Cerca de 90% das matrículas na Malásia, 86% no Japão e 81% nas Filipinas são oferecidas por instituições privadas. "Isso resume o cenário asiático, uma mistura clara de financiamento público e privado, com predominância do privado, que ocupa uma parte significativa no setor de ensino superior."

Diz o especialista que o Estado ainda tem importante papel a desempenhar na região, mas em todos os países asiáticos mencionados as universidades estão recebendo cada vez mais financiamento do setor privado. "Na Índia, por exemplo, as universidades públicas não estão crescendo. O que está crescendo são as instituições privadas e as instituições estrangeiras, muito bem reconhecidas."

Mok afirma que os países da Ásia estão competindo por estudantes estrangeiros, pois acreditam que a educação pode ser um serviço vendável em todo o mundo. Em Cingapura, o plano é tão bem-sucedido que o governo local convidou as melhores universidades para instalar e desenvolver *campi* no país. Essa é a razão pela qual Cingapura reúne expressivo número de estudantes de todo o mundo.

"Em 2007, havia cerca de 86 mil estudantes estrangeiros de 120 países em Cingapura", diz Mok. "Na Malásia, é a mesma coisa. Foram mais de 47 mil estudantes estrangeiros de 150 países estudando lá. E eles estão recrutando muitos estudantes do Oriente Médio, porque a Malásia e o Oriente Médio têm formação religiosa similar, o que elimina problemas culturais. Assim, Cingapura e Malásia estão atraindo diferentes mercados."

A experiência mostra que o setor privado tem sido muito importante no desenvolvimento educacional do Leste Asiático. Mas o setor privado, ou o mercado, não pode fazer tudo. É por isso que Estado e mercado têm trabalhado colaborativamente, como parceiros. Desse modo, diz Mok, se o mercado cair, o Estado ainda terá presença no setor. E a vontade política é extremamente importante para o governo estabelecer uma base sólida antes de desfrutar de benefícios de longo prazo. "O papel do governo é importante em termos de planejamento e de regulação sobre a qualidade, porque as universidades estão crescendo cada vez mais e é preciso garantir a qualidade", afirma o educador.

Na opinião dele, o governo não pode se negar a assumir essa responsabilidade: "O Estado e o mercado devem trabalhar juntos, mas, no final, o governo tem que se certificar de que a qualidade da educação esteja dentro dos padrões". Isso dá uma ideia sobre o modelo de relações triangulares da educação superior na Ásia. O Estado, a indústria e a universidade buscam trabalhar em conjunto. "Eu defendo que o aumento do financiamento privado pode melhorar a qualidade na educação superior", ele diz. "Também defendo que as universidades de classe mundial podem elevar o perfil da educação superior. E, para aqueles cujas famílias não podem pagar, o governo ainda tem que dar bolsas e garantir a acessibilidade. O governo vai avançar com os sistemas de financiamento, os sistemas de empréstimo para financiar a educação das famílias que são pobres. O resultado desse conjunto é a melhoria no índice global competitivo, a publicação em bom posicionamento no *ranking*. O Estado e os demais atores têm que corresponder, cada qual em seu nicho."

Quadro 6

As 200 melhores universidades por país

País	2008	2009
	(Nº de instituições)	
EUA	58	54
Reino Unido	29	29
Canadá	12	11
Japão	10	11
Holanda	11	11
Alemanha	11	10
Austrália	9	9
Suíça	7	7
China	6	6
Bélgica	5	5
Hong Kong	4	5

Obs.1: Completam as 200 universidades outros 11 países: Suécia, França, Coreia do Sul, Dinamarca, Israel, Nova Zelândia, Índia, Irlanda, Noruega, Rússia e Cingapura.

Obs.2: Embora o número de IES na Ásia entre as 200 melhores não tenha mudado muito, a maioria melhorou seu posicionamento na classificação.

Fonte: www.timeshighereducation.co.uk/story.asp?storycode=408560

> A aplicação de novas tecnologias à educação
> diz respeito muito mais à pedagogia
> do que à tecnologia.

Uma questão para a qual o professor Mok chama a atenção diz respeito à internacionalização e à perpetuação das culturas locais. As sociedades asiáticas estão muito ansiosas para se certificar de que as universidades são internacionalizadas no mundo globalizado, mas, ao mesmo tempo, se perguntam se isso não seria sinônimo de americanização. "A internacionalização não deve ser entendida apenas a partir de um paradigma no mundo, ou seja, o paradigma anglo-saxão. Devemos estar conscientes sobre o potencial da nossa própria cultura para garantir que nossos alunos possam apreender o mundo e, ao mesmo tempo, valorizem a cultura e as tradições locais", diz ele.

Outra questão relevante envolve o principal objetivo desses esforços, que é a certificação de qualidade acadêmica. "Como garantir a qualidade? Será que devemos confiar essa tarefa ao Ministério da Educação, que mantém tudo centralizado e controlado, ou seria desejável desenvolver uma organização independente, formada por acadêmicos e profissionais que conhecem o assunto?", questiona Mok. Mas ele tem opinião formada a esse respeito: é a favor da instituição de organizações profissionais independentes para controlar a qualidade, em vez de confiar a tarefa à burocracia do governo. O controle da qualidade seria executado por acadêmicos do mercado e de acordo com normas internacionais, porque, segundo o professor, "no governo, eles não sabem sobre educação".

Para Mok, o impacto da cooperação pode colocar em risco a liberdade acadêmica. Por quê? Porque os presidentes das instituições de ensino estão hoje sob forte pressão para que administrem o negócio com equilíbrio orçamentário. "Mas o problema é: se acreditamos muito no mercado, podemos sacrificar a liberdade acadêmica", diz ele. "Algumas disciplinas não funcionam bem no mercado, como filosofia e história. Pelas regras do mercado, essas duas matérias não poderiam ser oferecidas, porque não são sensíveis às forças de mercado quando comparadas com os estudos de negócios ou de gestão", exemplifica. Assim, as universidades devem tomar uma decisão corajosa em relação a disciplinas que não apresentam grandes demandas.

"Acho que isso é importante para equilibrar o mercado e também para não colocar em risco algumas disciplinas, pois é preciso reconhecer que também o mercado tem limitações. O setor privado está agora fazendo o papel mais importante na educação. Mas isso não significa que o Estado não tenha mais espaço. O Estado tem um papel, e muito importante, para estabelecer o equilíbrio entre o mercado e o interesse público, e para garantir que a educação não seja sacrificada", defende Mok.

Qualquer política de aprendizagem, segundo o educador, deve ser avaliada no contexto em que foi elaborada. A Ásia tem boas experiências, que transformaram algumas das suas universidades em instituições muito fortes no mundo. Mas ele acha que isso é algo que podemos apenas compartilhar e aprender: "Não significa que países como o Brasil têm que copiar a experiência da Ásia para ser bem-sucedidos na sua educação superior".

Nesse sentido, Ka Ho Mok considera importante ressaltar também as razões do sucesso do modelo universitário norte-americano. "Esse sistema é tão bem-sucedido porque os Estados Unidos são um caldeirão de culturas. O país recebe pessoas do mundo todo, com diferentes padrões de necessidades. Então, permanece aberto, de forma a permitir às pessoas que estudem lá e que se transformem em uma contribuição para o país. A segunda razão para o sucesso é fundamental para a governança das instituições: a liberdade acadêmica. A maioria das universidades mais bem posicionadas nos *rankings* internacionais dá um valor fundamental para a liberdade acadêmica. Temos somente oito universidades em Hong Kong – afinal, a região não é grande. Mas cinco delas estão classificadas entre as 100 melhores do mundo. Por quê? Porque temos liberdade acadêmica. A terceira razão para o sucesso envolve recursos suficientes. As universidades norte-americanas não dependem só de financiamento do governo. As fontes de financiamento são diversificadas. O sistema prevê o trabalho do setor privado em colaboração com a universidade e o Estado", ressalta.

A Ásia pode efetivamente ser uma referência para o Brasil em educação superior. No documento produzido pelo Ministério da Educação do Brasil para a Conferência Mundial da Unesco, realizada em 2009 em Paris, na França, apareciam de forma bem clara, e em total oposição, o papel do Estado como regulador e a necessidade de controlar e regular a oferta de educação pela iniciativa privada. Em outro encontro, realizado no mesmo ano em Macau, reunindo os países da Ásia, os ministros da Educação da região defendiam a necessidade de fortalecer a presença da iniciativa privada no ensino superior. O Brasil está no caminho contrário. E também no que diz respeito à participação nas redes internacionais de discussão – das quais o país está sempre afastado. É fato que precisamos cuidar do cotidiano das nossas instituições. Mas precisamos também olhar o que está acontecendo nas grandes redes e nos grandes debates, se é que queremos ser competitivos.

4

Alternativas para o financiamento da educação superior

Um livro publicado há cerca de dois anos por uma dupla de especialistas norte-americanos em capital humano, Claudia Goldin e Lawrence Katz, oferece uma visão bastante oportuna sobre um assunto que se tornou recorrente no ensino superior brasileiro: o da ampliação do financiamento e do acesso à educação superior. *The Race Between Education and Technology"* ("A corrida entre educação e tecnologia"), publicação da Harvard University Press, mostra como o sistema educacional dos Estados Unidos, conseguiu ficar, durante praticamente todo o século 20, ligeiramente à frente das necessidades do setor produtivo e sempre proveu o mercado de trabalho com a quantidade e a qualidade de capital humano de nível superior para fazer frente aos desafios de cada época.

Como um participante bem-sucedido dessa "corrida", os EUA iniciaram esse processo com o ensino médio, no começo do século 20. Conforme o sistema produtivo ia ficando mais sofisticado, houve a massificação do ensino superior, que permitiu aos EUA continuar sua expansão na segunda metade do século. Os resultados foram um crescimento real de 2% ao ano durante cem anos, e um crescimento real *per capita* sete vezes maior do que antes: em 2000, a renda era sete vezes maior do que a registrada em 1900.

Para Michael Crawford, especialista em educação do Banco Mundial para a América Latina e o Caribe, o que está implícito no exemplo abordado na obra dos dois especialistas "é a maneira como as economias emergentes devem atuar no século 21, principalmente ao verem quais foram as consequências do grande sucesso dos Estados Unidos no século anterior".

Crawford trabalha com os governos dos diferentes países da região para informar e, eventualmente, influenciar a política de educação. Ele fez parte também, em 1997 e 1998, de uma equipe convidada pelo governo norte-americano a participar da formulação de regulamentos para o futuro direcionamento da educação superior dos EUA. Ao revisitar o que aconteceu com algumas daquelas recomendações, ele chama a atenção para o que alguns países estão fazendo na tentativa de lidar com o problema do financiamento estudantil.

Para Michael Crawford, a primeira questão a ser respondida é: por que o governo deveria se importar com o acesso à educação superior? Para ele, "caso a educação superior se desenvolva com êxito, não apenas indivíduos se beneficiam, mas a sociedade como um todo se beneficia da mesma forma. Quando você prepara pessoas para suas profissões, você tem que prepará-las para pensar de modo crítico em outras áreas de suas vidas. E é muito mais fácil ser um bom cidadão quando se é também um profissional bem treinado e alguém que pensa de modo crítico. Portanto, há muitas razões para o governo se preocupar com o sistema educacional superior como um todo".

O especialista enfatiza que o atendimento do mercado com oferta de educação superior de alta qualidade deve ser a meta principal de qualquer governo. "Os quatro pilares da política educacional para o ensino superior são acessibilidade, qualidade, relevância e igualdade", afirma. "E é quase impossível uma política, seja ela qual for, considerar um desses pilares sem considerar os outros três. Caso contrário, vai enfrentar distorções no sistema." Essas distorções podem envolver alta taxa de evasão ou financiamentos regressivos. Daí a necessidade de considerar o equilíbrio desses quatro pilares numa política geral.

No sentido do que Crawford sustenta, como o Brasil estaria se saindo? "O Brasil tem feito excelente trabalho através da educação superior privada", diz ele. "O país tem um sistema heterogêneo, que de certa forma é altamente desejável e, por outro lado, representa alguns problemas." Para o especialista norte-americano, a principal questão é como atender à demanda e, para isso, "pensar nos quatro pilares juntos; pensar sobre nossa responsabilidade com os estudantes, e não apenas colocá-los na escola; pensar em providenciar-lhes uma educação de alta qualidade, o que deve ser feito de modo justo para todos os diferentes níveis de renda do país", afirma.

> No Brasil, falta conscientização tanto do aluno quanto da sociedade de que o crédito estudantil é um investimento no futuro.

Segundo Crawford, o Brasil está um pouco acima da linha de tendência dos países emergentes, embora abaixo da média da Organização para a Cooperação e Desenvolvimento Econômico (OCDE). Ele considera que o país tem um sistema de educação superior de massa, o que não era o caso há 20 anos, e que esse é um fato muito importante. Mas ele defende que, "por mais que o sistema tenha crescido, ainda não é suficiente, e isso depende do que acontece na educação fundamental e das políticas adotadas". Crawford destaca ainda que o setor privado tem é o responsável pelo cumprimento dessas políticas no Brasil, e que é preciso pensar um pouco nas virtudes e nos desafios disso.

Uma das questões relevantes diz respeito ao insucesso das políticas educacionais brasileiras em alcançar a média dos estudantes quando considerada a renda familiar. "Seja nas instituições públicas, seja nas privadas, ainda há enorme desproporção pelo critério da renda. E isso foi parcialmente enfrentado por alguns programas, como o ProUni e o Fies (Programa de Financiamento Estudantil), mas ainda há alguns desafios sobre como a classe média e os grupos de renda mais baixa irão compor uma boa proporção na futura expansão do ensino superior e sobre como eles devem ser financiados", afirma.

Segundo o especialista, cerca de metade dos países de renda mais alta da OCDE colocam recursos consideráveis em programas de empréstimos a estudantes como um dos principais veículos para garantir a cobertura da educação de terceiro grau. E o Brasil está do outro lado desse espectro em termos de recursos públicos disponíveis para subsidiar a educação superior. "Houve muitas respostas criativas para essa situação e, de certa forma, o Brasil tem sido um líder na criação de novos programas. Um desses programas é o ProUni, e quem acompanha a educação superior está muito impressionado com sua capacidade de ajudar parte da população a ter acesso ao ensino superior, em colaboração com instituições privadas. Mas o ProUni está indo principalmente para os estudantes que fazem cursos noturnos, na maioria em instituições privadas, e isso não é uma crítica nem um elogio, mas só algo a ser pensado em relação a como ele cumpre suas metas", questiona Crawford..

Para ele, o que deveria ser um dos principais sistemas de empréstimos estudantis, que é o Fies, ainda é razoavelmente modesto em termos da população total de estudantes. Para cerca de 6 milhões de estudantes no sistema, a meta anunciada é de 100 mil empréstimos. "É um passo possível, mas não está cobrindo as principais necessidades dos estudantes". diz o especialista, para quem um programa de empréstimos como veículo de financiamento deve considerar dois grupos: o de estudantes qualificados, que podem arcar com as despesas de frequentar o ensino de terceiro grau; e o de estudantes que estão no ensino superior, mas com dificuldades.

Crawford defende um sistema de acreditação oficial transparente e de alta qualidade como forma de garantir que qualquer instituição que almeje competir por subsídios públicos possa encarar o reconhecimento oficial com seriedade. Referindo-se ao "Provão" – o Exame Nacional de Cursos (ENC-Provão), aplicado aos formandos no período 1996-2003 para avaliar os cursos superiores –, ele diz que esse sistema teve pontos fortes e fracos. "E acho que um dos pontos fracos é que ele reforçou um modelo uniforme de educação que não é o ideal: há tantas provas para tantas carreiras que foram construídas de modo tão estrito, e isso provavelmente não é o que se deve querer em sistemas de educação superior diferenciados", afirma.

Para ele, a acreditação oficial deve ser focada num sistema que reconheça a adequação aos propósitos da instituição: "No sistema que eu defendo, reconhece-se que uma pequena instituição pode ser excelente e ser muito diferente de uma grande instituição de pesquisa. Pode ser uma instituição rural, pode servir a uma população de baixa renda. Não precisa necessariamente ter a maioria do seu corpo docente composto por doutores e, ainda assim, pode ser uma excelente instituição. Então, minha recomendação para levar a garantia de qualidade a sério significa pensar sobre a adequação ao propósito de cada instituição. Instituições diferentes representam níveis diferentes de investimentos. O sistema de reconhecimento deve mostrar ao governo como elas estão indo".

Crawford reconhece que isso é muito difícil de conseguir, tanto em países de renda elevada quanto em países de renda mais baixa. "A maioria dos sistemas de reconhecimento oficial adota o modelo uniforme da instituição de pesquisa como meta. Assim sendo, as outras instituições acabam prejudicadas por não terem muitas publicações por ano. Mas trata-se de uma distorção e acho que vale a pena tentar modificar isso", sustenta. "A instituição deve ter a possibilidade de mostrar por que é adequada para sua missão e por que deveria ser incluída no sistema de financiamento estudantil público."

Quadro 9

Brasil: O financiamento não se concentra em quem precisa

Matrícula no ensino superior por nível de renda e setor

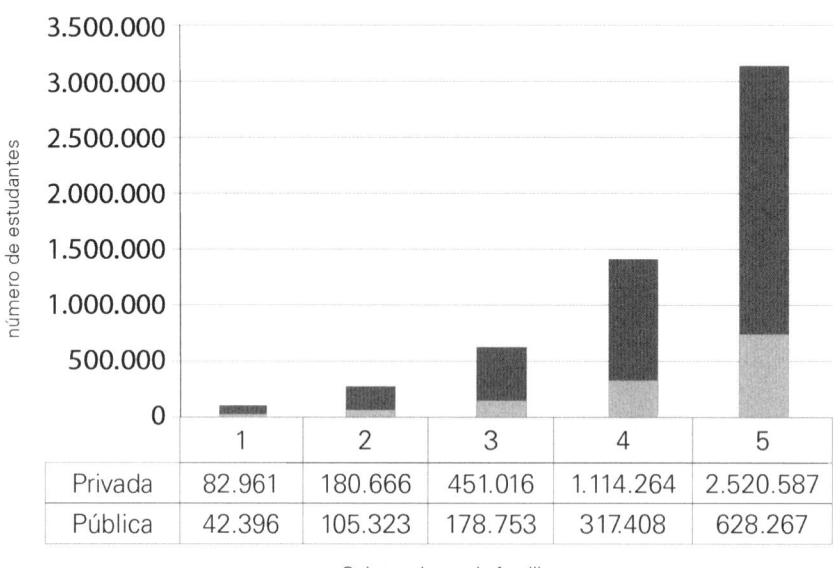

Quintos de renda familiar	1	2	3	4	5
Privada	82.961	180.666	451.016	1.114.264	2.520.587
Pública	42.396	105.323	178.753	317.408	628.267

Obs.: As famílias de maior renda pagam escolas de melhor qualidade no ensino básico e no ensino médio para seus filhos, estes vão bem no vestibular e frequentam universidades públicas, onde o ensino é financiado pelo Estado.

Fonte: Simon Schwartzman, "Aprendendo com os erros e acertos do passado: pontos essenciais para a definição de políticas públicas para a educação superior", Abril 2010, p. 8

Segundo o especialista, para criar um sistema de financiamento bem-sucedido em âmbito nacional, é preciso reconhecer que o capital a ser custeado – "se você estiver fazendo a coisa certa", observa – sempre estará acima do que os estudantes podem pagar e do que os bancos podem emprestar no curto prazo. Ele afirma não conhecer nenhum exemplo de sistema de empréstimos estudantis que não envolva algum subsídio. Portanto, a questão é como obter tecnicamente o máximo de subsídio.

"Uma das dificuldades enfrentadas pelos sistemas de financiamento estudantil é acertar o subsídio para um nível real de juros positivo, ou seja, você precisa diminuir o nível de juros que os estudantes pagam, mas não eliminá-lo", comenta Crawford. E exemplifica: num estudo recente, via-se que a Venezuela, por exemplo, tem taxa de juros negativos bem forte, enquanto na Noruega – quem imaginaria? –, a taxa de juros positivos reais é de 6%. Os países que estão mais perto de 1%, 2%, 3%, diz ele, provavelmente têm maior sucesso, mas isso é algo com que o sistema tem dificuldades. "Como se acertam os subsídios de modo a conseguir uma boa taxa de juros?", questiona.

Empréstimos por contingente de renda estão ficando mais populares, diz ele, pois, à medida que os estudantes avançam em suas carreiras, pagar fica mais fácil para eles. "Os programas de financiamento que preveem pagamentos mais altos quando os tomadores progridem em suas carreiras e têm renda maior parecem estar se saindo bem em alguns países".

Noruega, Chile, Colômbia e México oferecem bons sistemas de empréstimo de cobertura em massa. Segundo ele, houve uma série de fatores que esses países utilizaram para conseguir isso: "Um deles, e o mais importante, é exigir que os estudantes paguem uma taxa de administração enquanto ainda estão estudando. Não uma amortização, apenas uma taxa que mostra: 'Você nos deve e pretendemos cobrar quando estiver trabalhando; portanto, se não pagar suas taxas enquanto ainda é estudante – algo na faixa de 10 ou 5 dólares –, você vai acumular uma dívida enorme, com óbvios efeitos sobre o empréstimo".

Outra coisa é trabalhar com as instituições para identificar quem está correndo risco, diz Crawford. "O Chile cresceu muito, e eles transitaram de um programa de empréstimo que financiava somente os estudantes de baixa renda para um programa de massa. Fizeram isso com um truque muito interessante: partilhando seu programa. Os bancos privados que participam do programa são responsáveis por 10% do risco de o estudante largar o curso e não pagar o que deve, e as instituições partilham o resto do risco em diferentes fases do empréstimo. Conforme o avanço e o sucesso do estudante, as garantias das instituições diminuem e as do governo aumentam".

Quadro 10

Matrícula por quinto de renda familiar

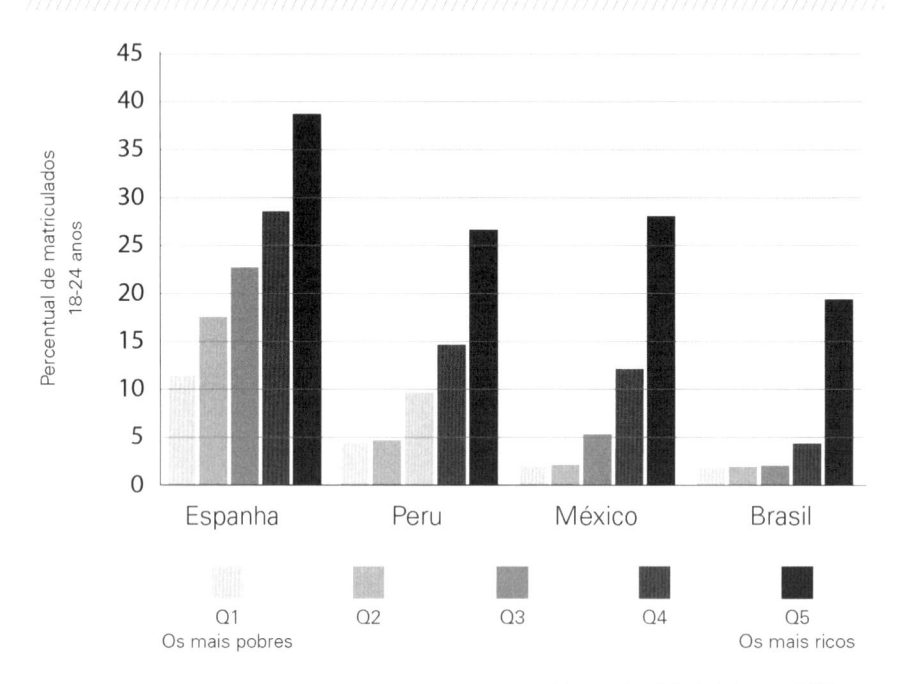

Fonte: Jamil Salmi, Icetex PPT

Ele diz também que alguns países criaram tipos de engenharia financeira bastante interessantes. O Chile, por exemplo, faz um leilão para o mercado de empréstimo. "O governo pega os empréstimos, junta tudo em pacotes e faz os bancos fazerem ofertas pelos diferentes pacotes." A Austrália foi para um tipo de empréstimo baseado na renda dos estudantes e em cooperação com seu sistema tributário, e não com o banco. Os estudantes que contraem os empréstimos sabem que suas amortizações serão subtraídas de sua renda pelas autoridades tributárias. Esse é um programa de empréstimo muito sustentável, que requer alto nível de cooperação e eficiência. "Outra coisa que a Austrália faz é diferenciar o que você precisa amortizar de acordo com a prioridade da área de estudo. Matemática, estatística e ciências pagam menos, enquanto direito, medicina, ortodontia e outras áreas mais lucrativas pagam mais".

Com relação ao Brasil, Michael Crawford acha necessário que as instituições privadas aumentem a intensidade de seu diálogo com as autoridades educacionais sobre o papel do governo na oferta de educação superior através de financiamento. "Sei que este não é um diálogo fácil, não é algo que se possa fazer no curto prazo, mas acredito que quem quiser participar do benefício público precisa se envolver no debate de políticas de expansão do ensino superior", diz.

Ele também sugere estudar a implantação de modelos privados de avaliação – como uma espécie de exame nacional que vem ganhando popularidade nos EUA, o chamado *College Learning Assessment* (Avaliação do Aprendizado Universitário). "Este pode ser um modo de as instituições privadas mostrarem que estão oferecendo qualidade e que estão sujeitas a regras estritas de qualidade, mas com adequação a propósitos específicos, e não a modelos únicos".

O sistema de ensino superior público brasileiro precisa considerar a cobertura parcial do custo por meio de matrícula ou mensalidade, diz ele. Ou seja, o especialista norte-americano advoga o fim da gratuidade na universidade pública. "Se vocês olharem, digamos, para os Estados Unidos, um terço dos custos operacionais de instituições públicas é coberto diretamente por taxas pagas pelos estudantes. E isso equivale ao custo de administrar o programa de empréstimos dos outros estudantes. No Brasil, acredito que não haverá grande volume de dinheiro novo para financiar programas de educação para estudantes. Então, é preciso se perguntar de onde virá o dinheiro".

Crawford acredita que o ProUni deve continuar – e talvez ser ampliado. Ele defende ainda que se considere a criação de uma instituição dedicada exclusivamente ao financiamento estudantil, em lugar de o Fies ser administrado pelo MEC: "O MEC tem mandato muito amplo. As experiências internacionais sugerem que as instituições focadas somente em empréstimos estudantis conseguem ser mais competitivas, porque é só isso que elas oferecem. Deve-se investigar também se o uso de impostos para amortização é factível para criar mais recursos para estudantes de baixa renda." É preciso considerar com efetividade a relação credor-governo-estudantes a sério, defende ele, para que os estudantes saibam que, quando entrarem num financiamento, alguma parte deverá ser amortizada e isso terá influência muito positiva sobre as alíquotas.

Mas, lembra ele, também é preciso estar aberto a mudanças, como aconteceu no Chile: "O programa chileno ainda é novo e não há conclusões definitivas, mas já há alguns acordos de partilha de risco inovadores para parcerias público-privadas e para uso muito maior de financiamento".

Alexandre Fernandes Oliveira, diretor de investimentos em Saúde e Educação para a América Latina da Corporação Financeira Internacional (IFC na sigla em inglês) considera que, do ponto de vista de demanda, o Brasil oferece oportunidades muito grandes. "Nosso papel é estimular o setor privado, financiar sua expansão e crescimento", diz. "Fazemos isso com investimentos financeiros, seja na forma de dívida, seja eventualmente mediante participação no capital de uma empresa. E a nossa experiência no setor de educação mostra que é impossível o Brasil sustentar as taxas de crescimento econômico que vem tendo nos últimos anos sem um sistema capaz de educar a população mais jovem do país".

Para Oliveira, não só as empresas simplesmente não conseguem encontrar mão de obra qualificada em quantidade suficiente, como, na opinião dele, essa tendência vai permanecer. Diz ele que a estratégia da IFC tem se voltado para favorecer os modelos de negócio, principalmente na educação superior, que estimulem o treinamento sistemático do aluno, sobretudo o de renda mais baixa, no sentido de uma educação um pouco mais voltada às necessidades do mercado de trabalho. "A gente procura privilegiar as instituições que são referência no mercado local em termos de qualidade e de organização como empresa. E temos procurado também apoiar iniciativas inovadoras na área de crédito estudantil. É uma prioridade apoiar o setor privado no tema de crédito estudantil em todo o mundo", afirma.

O diretor do IFC diz que isso não é algo de fácil solução. "Mas nós já apoiamos alguns programas de crédito estudantil no mundo e queremos muito que esses programas decolem, porque, obviamente, se acreditamos que o setor privado é uma parte importante da solução em termos de acesso à educação superior, financiar esse acesso é algo importante", raciocina. E completa: "Acreditamos em modelos que envolvem algum risco partilhado com credores privados, os estudantes e as instituições".

Michael Crawford, por seu lado, considera muito importante que, no curto prazo, o Brasil deve maximizar a participação do setor privado na intermediação financeira e no direcionamento dos subsídios. "Creio que o Brasil faria bem em experimentar. Credores privados têm excelente capacidade de melhorar o cenário para os estudantes no momento, e isso é muito valioso", afirma.

Para Hermes Figueiredo, presidente do Semesp e do Grupo Educacional Cruzeiros do Sul, o que há no Brasil é a falta de conscientização tanto do aluno quanto da sociedade de que o crédito estudantil é um investimento no futuro – "o que é diferente de comprar uma geladeira, um bem tangível, pago a prestação e que se leva para casa". Ele destaca que, se o estudante precisa de crédito, é porque tem poucas posses e, evidentemente, teme assumir um risco de longo prazo. E exemplifica com a experiência da sua própria instituição de ensino, uma das primeiras a fazer um crédito educativo próprio, reembolsável no mesmo prazo de duração do curso, e sem juros, cujo indexador era o próprio valor da mensalidade no momento da quitação.

"Nossa intenção era atingir 2% de todo o alunado em um primeiro momento, dando 50% para pagamento posterior à formação", explica. "Em cinco anos, atingimos 10% do alunado. Hoje, esse programa quase não tem procura. Porque, enquanto oferecemos crédito educativo de 50% de uma mensalidade de R$ 800, o aluno encontra por aí o mesmo curso por R$ 250, integral. Então, por que iria financiar com o sistema um curso de qualidade? Ele opta por estudar em uma escola que oferece o curso a R$ 250 em lugar de assumir pagar R$ 400 por mês e mais R$ 400 dali a cinco, dez anos", afirma. "E nós temos alunos que levaram vantagem com o crédito educativo, porque, com o achatamento gradativo das mensalidades, o valor da mensalidade baixou. Ele vai pagar agora menos do que pagou no início. É um problema de cultura também. As pessoas precisam entender que vale a pena ser financiado para ter retorno no futuro".

Para Michael Crawford, a questão é compreender que o financiamento estudantil é compartilhamento de risco: "Dividir o risco entre instituições acadêmicas, instituições financeiras, o governo e o estudante está no centro disso tudo. E uma das razões por que penso que há uma grande vantagem em envolver todos esses parceiros no crédito educativo é que o estudante vai acabar descobrindo: se ele arcar com um pouco do risco, o governo arcará com um pouco do risco e as instituições financeiras e as instituições de ensino farão o mesmo. Isso poderá ter impacto realmente positivo para a sua vida no futuro e não deve ser ignorado".

Quadro 11

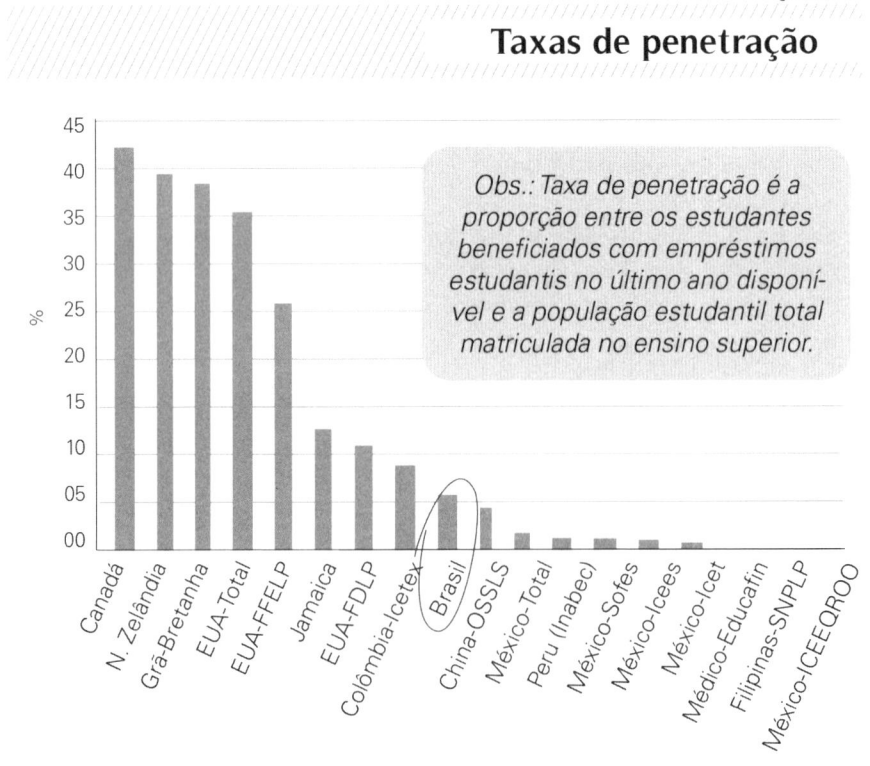

Taxas de penetração

Obs.: Taxa de penetração é a proporção entre os estudantes beneficiados com empréstimos estudantis no último ano disponível e a população estudantil total matriculada no ensino superior.

5

Consórcios, empreendedorismo e competitividade das IES

Existe consenso, entre os gestores educacionais, de que a capacidade competitiva de uma instituição de ensino superior é potencialmente ampliada por meio de atitudes empreendedoras. No Brasil, uma série de experiências bem-sucedidas de IES que adotaram iniciativas desse tipo revela o quanto é possível melhorar a qualidade dos serviços educacionais, a capacidade de diversificar a captação de recursos financeiros, a sustentabilidade e as relações com os estudantes, a comunidade e com organizações públicas e privadas. Mas é nos Estados Unidos que a cultura empreendedora está mais presente no ambiente da educação superior. E uma das iniciativas voltadas para esse objetivo é a formação de consórcios. Trata-se de uma prática entre as universidades norte-americanas que fortalece a competitividade e possibilita a implementação de ações integradas que instigam o empreendedorismo, colaboram para a captação de novos estudantes e fortalecem a imagem institucional das IES consorciadas.

John Childers, presidente e CEO do Consortium of Universities of the Washington Metropolitan Area (Consórcio de Universidades da Área Metropolitana de Washington), considera que "a missão do consórcio é proporcionar um fórum para que os membros compartilhem ideias e preocupações em comum, servir como veículo pelo qual possam compartilhar recursos e cooperar para o benefício de estudantes, corpo docente e comunidade, e também promover a cooperação e a comunicação entre as instituições associadas e os governos municipal, estadual e federal". Segundo Childers, o consórcio, por meio de suas atividades, está "comprometido com o aprimoramento do ensino superior na região".

Fundado em 1964 na capital federal dos EUA, o consórcio presidido por Childers começou com quatro universidades, é uma organização isenta de impostos e sem fins lucrativos e gerenciada por autoridades e representantes das 14 universidades e faculdades participantes que o integram na atualidade e oferecem bacharelados e programas de graduação. O Conselho de Administração é formado pelos 14 reitores das universidades e pelo presidente do consórcio.

Seus membros atuais incluem nove universidades privadas, das quais quatro são instituições católicas e cinco são seculares. Além disso, a sociedade inclui três universidades estaduais e duas universidades militares federais. Entre as privadas estão a Catholic University of America; a Georgetown University, mantida pelos jesuítas; a Howard University, a maior e mais abrangente universidade para afrodescendentes nos EUA; a Gallaudet University, única do país para surdos e pessoas com problemas auditivos; e mais uma universidade feminina e uma faculdade de artes. Três das universidades têm curso de Medicina e cinco oferecem curso de Direito.

As universidades do consórcio têm tamanhos distintos e variam entre menos de mil estudantes e acima de 30 mil. Cerca de 155 mil alunos estudam nas 14 universidades, que empregam em torno de 85 mil pessoas, entre funcionários e corpo docente. Mais de 30 mil estudantes se formam nos programas de graduação, pós-graduação e diploma profissional a cada ano. Em Washington, as universidades são as maiores empregadoras, depois do governo federal. A área da capital tem a população com o maior percentual de bacharéis (46,8%) e a maior porcentagem de pessoas com graduação ou diploma profissional (21,9%) nos EUA.

"O consórcio proporciona um fórum por meio do qual diversos grupos da Universidade se encontram regularmente para compartilhar informações e trabalhar de maneira colaborativa", diz Childers. "Cada um desses grupos é formado por reitores, diretores acadêmicos, diretores dos centros de saúde estudantis, responsáveis pelos programas de registros, responsáveis pelo relacionamento com o governo, chefes de segurança e diretores de energia sustentável. E há ainda um comitê de gerenciamento de emergência dos *campi*."

Adicionalmente, outros grupos se encontram periodicamente: são diretores de pesquisa, diretores de recursos humanos, autoridades de relações públicas e comunicação e representantes da área de compras. "Para informar sobre as atividades do consórcio, distribuímos o Relatório do Presidente. Trata-se de um resumo quinzenal veiculado para os representantes dos *campi*, líderes empresariais, autoridades governamentais e suas equipes, e também para a imprensa", revela. Essas atividades são gerenciadas por uma equipe de oito pessoas no escritório central e nelas há lugar também para o corpo discente: três ou quatro estudantes assistentes das universidades membros do consórcio.

O Consórcio de Washington abrange atividades acadêmicas, econômicas, políticas e de relações públicas. Segundo Childers, "um ótimo benefício para os alunos é a possibilidade de participar do Programa de Registro Cruzado do consórcio". Este permite que os estudantes se matriculem em uma universidade e cursem outra universidade. "O número de opções de cursos disponíveis está crescendo drasticamente. Isso também significa que as universidades não precisam oferecer todos os programas e podem se especializar em suas áreas mais promissoras", ressalta o educador.

Childers cita como exemplo o Corcoran College of Art + Design, que oferece ampla variedade de cursos de arte. "As outras universidades não precisam oferecer programas tão abrangentes de Arte, uma vez que seus estudantes podem estudar no Corcoran", diz ele. Em 2009, 1.455 alunos das universidades do consórcio fizeram alguma disciplina em outra universidade membro e, desde o outono de 2010, teve início um programa que permite aos alunos fazer o registro cruzado em cursos *online* oferecidos pelas outras universidades.

O consórcio oferece também aos estudantes oportunidades de pesquisa em órgãos públicos federais, em meio-período durante o ano letivo e em período integral durante as férias. Os órgãos que participam de maneira mais intensa com o consórcio são o Departamento de Defesa e o Instituto de Paz dos Estados Unidos (Usip). Segundo Childers, o programa da Usip posiciona os alunos de graduação e pós-graduação em estágios remunerados para realização de pesquisas e redações. O programa do Departamento de Defesa posiciona alunos de graduação e pós-graduação juntamente com companheiros pós-doutores em estágios/parcerias remunerados em oito órgãos governamentais.

Childers destaca também o *Reach4Success,* um programa de acesso multidimensional que incentiva estudantes de todas as idades a buscar oportunidades de educação superior através de informações, aconselhamentos, programas de encorajamento e uma ampla gama de atividades de extensão, além de *workshops*. "Os programas do *Reach4Success* enfatizam a ligação entre o ensino superior e o sucesso profissional e são direcionados a estudantes cujas famílias não têm histórico de educação superior. Eles auxiliam os alunos do ensino fundamental até a universidade a conhecer as opções de ensino superior e ajudam seus pais a se preparar para ampliar sua educação", esclarece Childers.

Quadro 12

Universidades do Consórcio de Washington

American University
The Catholic University of America
Corcoran College of Art+Design
Gallaudet University
George Mason University
The George Washington University
Georgetown University
Howard University
Marymount University
National Defense Intelligence College
National Defense University
Trinity Washington University
University of the District of Columbia
University of Maryland

As universidades do consórcio, segundo ele, são parceiras de organizações externas com fins de pesquisa acadêmica. Três universidades membros mantêm acordos de pesquisa científica com o Smithsonian Institute – o maior complexo museográfico e de pesquisa existente, que reúne 19 museus e galerias, além do Parque Zoológico Nacional e de nove instituições de pesquisa. Duas universidades são parceiras entre si na criação de um parque de pesquisas científicas, e outra universidade desenvolve parceria com empresas privadas para criar outro parque de pesquisas científicas.

A colaboração administrativa é outra marca do consórcio presidido por Childers. "Oportunidades inovadoras estão disponíveis para as universidades membros economizarem na compra de bens e serviços, demonstrando nossa seriedade às autoridades e à sociedade ao fazermos tudo o que podemos para manter baixos os custos do ensino superior", destaca. O consórcio é ainda parceiro da E&I Buying Cooperative, uma cooperativa de compras sem fins lucrativos criada pelos membros da Associação Nacional de Aquisições Educacionais (NAEP), que oferece contratos de compra de bens e serviços com o melhor preço possível em áreas que vão desde peças automotivas, equipamentos e material científico, mobiliário, computadores, aparelhos eletrônicos e *softwares* até material esportivo e serviços de frete, manutenção e viagens.

Além disso, o consórcio é membro da Aliança para a Economia das Faculdades (CCCS), que possui 21 organizações membros em 19 estados e trabalha coletivamente para 542 faculdades privadas e mais de 1,1 milhão de estudantes em todo o território dos EUA, auxiliando as instituições privadas de ensino superior a aprimorar processos e a reduzir e conter custos através de colaboração.

Em parceria com a Microsoft e a ComputerLand, do Vale do Silício, o consórcio oferece contratos de licenciamento e de seleção acadêmica além de *softwares* a preços reduzidos às universidade membros. Um contrato com os Recursos de Assistência à Saúde dos Estudantes oferece serviços médicos a preços baixos para diversos planos de saúde estudantis, além de benefícios adicionais para os centros de saúde dos *campi*.

O consórcio representa os interesses das universidades membros junto aos governos municipal e federal, tanto no Poder Executivo quanto no Legislativo. "Um de nossos desafios políticos é mostrar às autoridades as ações que impedem o crescimento das universidades", diz Childers. O consórcio trabalha em conjunto com o corpo diretivo das universidades associadas, buscando estabelecer um consenso em relação aos programas de bolsas e empréstimos para os alunos, às novas regulamentações que possam causar impacto para as universidades, às questões de autorizações de áreas para expansão e renovação dos *campi* nos espaços mais nobres e desenvolvidos da região e limites de matrículas e contratação de funcionários e docentes.

Guardadas as diferenças históricas e culturais, o Brasil também registra uma experiência de consórcio significativa, que envolve um grupo de instituições comunitárias do Rio Grande do Sul. Trata-se do Comung – Consórcio das Universidades Comunitárias Gaúchas, cujas instituições membros têm origem em entidades religiosas ou da comunidade civil com missão de assistência social. Segundo o presidente desse consórcio, Ney José Lazzari, essas instituições não se subordinam a grupos políticos, empresariais ou familiares, e os bens pertencem a fundações ou associações comunitárias.

"O patrimônio dessas instituições, construído ao longo do tempo, teve como principal aporte de recursos as mensalidades dos estudantes e, secundariamente, a prestação de serviços e recursos e repasses do poder público", diz Lazzari. "Eu trabalho em uma instituição que, quando foi fundada, em 1972, recebeu da Prefeitura Municipal uma área de terras e um prédio. Essa fundação foi gerando recursos com suas atividades e tem aumentado seu patrimônio até hoje."

Segundo ele, as instituições do consórcio atendem praticamente a especificidades regionais, têm representantes da sociedade civil na mantenedora, no Conselho de Administração e no Conselho Universitário, e seus dirigentes não são vitalícios. Na maioria dos casos, o reitor, os pró-reitores e os diretores são eleitos pelas comunidades. O resultado econômico é reinvestido na instituição.

O consórcio gaúcho é integrado por 12 instituições: Universidade de Cruz Alta; Universidade de Caxias do Sul; Universidade da Região da Campanha (Urcamp) de Bagé; Universidade Regional Integrada, do oeste do estado; Universidade do Vale do Rio dos Sinos (Unisinos) de São Leopoldo; Universidade Feevale, de Novo

Hamburgo; Universidade Regional do Noroeste do Estado do Rio Grande do Sul, Unijuí, de Ijuí; Pontifícia Universidade Católica (PUC) de Porto Alegre; Universidade de Passo Fundo; Universidade Católica de Pelotas; Universidade Vale do Taquari de Educação e Desenvolvimento Social (Univates) de Lajeado; e Universidade de Santa Cruz do Sul. "Esse conjunto de instituições está distribuído pelo estado do Rio Grande do Sul e cada uma tem forte envolvimento com as comunidades e com as regiões onde estão inseridas", diz Lazzari.

Todos os municípios em que há presença de universidades do Comung têm mais de 20 mil habitantes e o orçamento que o grupo de consorciadas movimenta inclui dois hospitais universitários.

Quadro 13

Consórcio das Universidades Comunitárias Gaúchas

Primeiro semestre/2010

Campi	40
Extensões universitárias	22
Número de municípios com Fac. Comunitárias	62
Professores	8.463
Pessoal técnico administrativo e funcionários	10.234
Professores+pessoal téc-adm+funcionários	18.697
Alunos de graduação presencial	163.867
Alunos de graduação a distância	1.838
Alunos de pós-graduação *lato sensu*	12.921
Alunos de mestrado e doutorado *stricto sensu*	5.030
Total de alunos (cerca de 50% do RS)	183.656
Orçamento aproximado (2010) em reais	1,8 bilhão

> A formação de consórcios de universidades
> fortalece a competitividade
> e instiga o empreendedorismo.

Um exemplo de ações em conjunto realizadas pelo Comung é o Programa Institucional de Avaliação das Universidades Comunitárias Gaúchas, que tem a participação das 12 instituições membros, e o Programa Institucional de Apoio à Educação Básica, na área de formação de professores, que produziu várias publicações e discutiu projetos para os cursos de Pedagogia, mas que se encontra suspenso no momento, até que sejam resolvidas questões que envolvem o Parfor, um programa para formação de professores com recursos parcialmente cobertos pelo governo, que enfrenta dificuldades de viabilização.

Outro trabalho conjunto do consórcio refere-se ao processo seletivo. Há mais de vinte anos, as comissões de vestibular das instituições se reúnem para realizar o concurso de ingresso, embora cada uma aplique exame com características próprias. O consórcio tem ainda dois assentos no Conselho Estadual de Ciência e Tecnologia do Rio Grande do Sul As doze instituições têm buscado a integração entre suas assessorias jurídicas para a discussão de questões trabalhistas, tributárias, de recursos humanos, filantrópicas e troca de informações.

Um fórum do conjunto de instituições reúne o pessoal de tecnologia da informação e de ensino a distância, para aperfeiçoamento do sistema utilizado. E, há cinco anos, o consórcio recebeu uma consultoria do Conselho de Reitores das Universidades da Alemanha para realização de avaliação do conjunto de instituições e apresentação de relatório que tem servido para avançar uma série de práticas.

Com relação a compras, algumas são feitas em conjunto, mas não com todas as instituições. "Ainda há algumas resistências, porque cada instituição tem a sua cultura e o seu jeito de fazer as coisas. Então, essa é uma coisa que ainda vamos ter que trabalhar", admite Lazzari. A mobilidade acadêmica tem sido buscada, especialmente, nas áreas da comunicação e da saúde. "O intercâmbio de alunos não é muito substancial, mas é alguma coisa que já acontece entre algumas das instituições", afirma o educador.

A integração de bibliotecas está em andamento. Já houve treinamento e qualificação das bibliotecárias e, segundo Lazzari, o objetivo é "chegar ao ponto em que o aluno que procura um livro numa instituição e não acha possa, via web, encontrá-lo em outra consorciada". Ele informa que está também em discussão a unificação de alguns projetos de pesquisa, o que é feito por meio de um grupo de estudo específico.

Lazzari admite que existem outras dificuldades de integração, além da que envolve compras. Uma delas é a definição da área geográfica de atuação de cada instituição. "Não se deve pensar que as coisas são todas românticas, como eu descrevo aqui. Há também espaços de disputa entre as instituições e, de vez em quando, o presidente do consórcio é chamado para fazer uma mediação relacionada a alguma coisa que não funciona muito bem." Para ele, o tamanho das instituições consorciadas influi nas dificuldades. Há instituição com 35 mil alunos e instituição com 3 mil, "são histórias diferentes, situações econômicas diferentes, resistências dos escalões intermediários. As instituições são muito arraigadas nas suas comunidades e às vezes têm dificuldade de ver o todo", diz. Existem ainda especificidades de governança das instituições. "Embora sejamos todas comunitárias, as confessionais são de um jeito, outra apresenta um tipo particular de eleição para reitor e assim por diante", exemplifica.

As preocupações comuns, no entanto, unem as instituições na busca de ações conjuntas. "Uma das principais preocupações do nosso consórcio neste momento é um marco regulatório que deixe mais claro o que é uma universidade comunitária", diz Lazzari, que cita ainda a necessidade de ter acesso a recursos do BNDES, a busca de revitalização das licenciaturas, já que praticamente todas as instituições nasceram para formar professores e hoje estão fechando essa área, e a instalação de novas unidades das universidades federais, que estão replicando cursos nas regiões de influência das instituições do consórcio. Lazzari diz sonhar com uma integração mais ampla entre as instituições, mas admite que "isso é uma coisa que ainda levará muito tempo".

Outra experiência brasileira de sucesso, em matéria de empreendedorismo e compartilhamento de procedimentos e experiências em educação, é o da Faculdade Ages, de Paripiranga, Bahia, cidade localizada a 360 quilômetros de Salvador e 110 quilômetros de Aracaju, Sergipe, que atende a 38 municípios da região nordeste do estado. José Wilson dos Santos, diretor-geral da Ages, considera que o sucesso da IES vem do "sentimento de pertencimento" que o projeto tem para gestores, corpo docente, funcionários, alunos e comunidade.

"A Ages não é apenas uma instituição de ensino superior", diz ele. "São diversos empreendimentos que formam esta instituição, constituída de uma faculdade, dois colégios, um restaurante, uma livraria, um birô de reprodução gráfica e uma fazenda com fins pedagógicos." Existem ainda mais projetos para o futuro: um hotel fazenda, uma galeria e um hospital universitário.

O diretor-geral explica que o envolvimento com o restaurante, que não é terceirizado, teve o objetivo de fazer com que os estudantes se sentissem bem no espaço de ensino. A livraria, por sua vez, resultou da necessidade de acesso a livros, porque na época a Internet não respondia às necessidades de forma tão eficiente como hoje. O birô de reprodução gráfica mantém 15 máquinas no *campus*, e o serviço tampouco é terceirizado. Segundo ele, "a instituição paga pelo serviço para que o professor não atrase seu trabalho".

"Nós somos rigorosos no nosso planejamento", diz Santos. "Temos um plano de trabalho institucional que concentra os planos de trabalho de todos os setores, da pessoa que faz a comida no restaurante ao profissional do setor pedagógico, do setor de tecnologia da informação ou dos laboratórios. Todos fazem seu plano de trabalho ao mesmo tempo, num auditório e em diálogo aberto com a instituição. Em outro momento, eles discutem de acordo com suas especificidades, individualmente, até a conclusão de um documento. O Plano de Trabalho Institucional da Ages tem 250 páginas e é semestral, porque a cada seis meses precisamos avaliar, retroalimentar e pensar o que precisa ser melhorado no projeto."

Quanto à operacionalização dos projetos, a gestão é participativa, o que é considerado ponto importante para o sucesso da instituição. "Lá, ninguém determina", explica Santos. "As pessoas constroem o projeto em um espaço coletivo". Desse modo, são doze comitês gestores, comitês de avaliação ou acadêmicos, comitê de estágio, entre outros, que participam do processo de avaliação institucional adotado. "A Ages avalia tudo. Até a gravata do segurança", afirma o diretor. "Há um processo dinâmico, que envolve a avaliação do desempenho. Todo o processo é retroalimentado e as estratégias de gestão acadêmica são centradas no currículo e no método ativo – esse é um diferencial."

Santos destaca que o método ativo coloca o aluno no centro do processo. "A base epistemológica de tudo isso é muito

Quadro 14

Método Ativo: estrutura da aula

Com a orientação do professor, os estudantes apresentam solução para o problema proposto na posição de profissional da área em formação.

Passos	Procedimentos
1. Observação da realidade	Os estudantes observam a realidade e levantam dados para a problematização.
2. Construção e apresentação do problema	O professor define as competências profissionais, a lista de conteúdos e constrói um problema.
3. Identificação dos termos desconhecidos	Os estudantes identificam e pesquisam os termos desconhecidos.
4. Tempestade de ideias	Exposição de opiniões pessoais, pelos estudantes, sobre o problema em análise (individual ou em grupos). Espaço para questionamentos.
5. Seleção dos pontos-chaves	O professor seleciona os pontos relevantes para investigação e posterior solução do problema.
6. Definição de objetivos de aprendizagem	Os estudantes expõem seus objetivos como sujeitos da aprendizagem, pessoas, cidadãos e futuros profissionais
7. Levantamento de hipóteses de solução	Em grupos, duplas ou individualmente, os estudantes levantam as hipóteses para solução do problema.
8. Orientação para a teorização	O professor orienta bibliografias e passos para investigação e solução do problema, com rigor científico.
9. Confronto das hipóteses	Os estudantes confrontam suas hipóteses de solução com os condicionantes e as limitações da própria realidade.
10. Tomada de posição ou aplicação à realidade	Os estudantes assumem uma posição frente ao problema. Formalizam e/ou interferem na realidade, quando possível.
11. Intervenção docente e considerações finais	O professor fará as considerações finais sobre os objetivos da aula, com exposições e novas orientações, quando necessário.
12. Avaliação formativa	Avaliação das competências pessoais, profissionais e objetivos de aprendizagem.

Fonte/Referência: Arco de Maguerez

fundamentada, e a base de sustentação é Paulo Freire, educador brasileiro que merece respeito no Brasil e no mundo", diz. "Há uma série de procedimentos que definem a filosofia da instituição. Lá não existe aula expositiva e não existe prova perguntando o que é isso, o que é aquilo. O currículo é orientado para a competência profissional, e não para o conteúdo. Professor não expõe conteúdo, professor problematiza a matéria, e o aluno responde resolvendo problemas da vida real, problemas da profissão. Nós temos programas que fortalecem o método ativo, como o Pró-Lê: nosso estudante lê no mínimo cinco obras e faz no mínimo cinco produções por semestre, do primeiro ao último. No final de cada curso, nosso aluno terá lido no mínimo 60 obras complementares – e aqui não estou falando dos nossos textos básicos". Irônico, Santos completa: "E isso é difícil, porque eles 'jogam pedra' no diretor".

Na Ages, os estudantes são avaliados com provas que permitem consulta. "O estudante não responde a nada, ele apenas resolve o problema da profissão. Nós temos um aprofundamento de estudos que é responsável pelo resultado positivo nas avaliações oficiais. A avaliação é formativo-processual, que é classificatória e na qual a prova é progressiva. Então, o aluno fez a primeira prova hoje e tirou 2 e na próxima ele tira 5, a nota dele já não é mais 2, é 5. Se por último ele tirar 10, a nota não será a média de tudo isso, mas 10. Porque a aprendizagem é progressiva. É claro que isso depende do método: se você não trabalhar o método processual, a problematização, não dará certo", afirma Santos.

Ele ressalta que a instituição acompanha o tempo todo o programa e os professores. No final, levanta o que não foi trabalhado e faz um aprofundamento de estudos com os alunos. "A nossa aula é estruturada, ela orienta o professor. Na nossa instituição o professor não faz simplesmente o que quer. Ele tem que fazer aquilo que deve ser feito, porque há todo um embasamento teórico que norteia sua ação do professor em relação à realidade local, que às vezes é completamente diferente daquilo que ele pensou", afirma o educador.

O projeto da Ages está focado nas pessoas: estudantes, professores e colaboradores. O estudante, se quiser, pode falar diretamente com o diretor-geral, que responde a mais de 300 *e-mails* por dia. Durante dois dias na semana, eles discutem o planejamento estratégico, todos os comitês se reúnem de sete da manhã até as dez da noite. "Na sexta-feira, atendo aos estudantes e às pessoas da comunidade. No sábado, vou conhecer as construções, visitar os espaços", explica. "Nossa instituição não tem problema de falta de estudante. Enquanto as instituições lutam por estudantes, nós lutamos para construir espaços onde alocar os estudantes. Todo semestre construímos cinco, dez salas, que não têm dado conta para o número de estudantes que procuram a nossa instituição", afirma.

Santos destaca o impacto social e a transformação da realidade local provocados pela instituição: "Nossa cidade, hoje, é outra cidade. A cumplicidade, a ascensão, o bem-estar de nossos colaboradores é o que nos gratifica. Eles estão envolvidos e não me veem como patrão nem como chefe, mas como líder, aquela pessoa que transfere responsabilidade e cobra resultado".

O diretor diz que o projeto administrativo e pedagógico da Ages não é cópia de nenhum existente: "Penso que o brasileiro não precisa copiar", diz. "Precisamos analisar, observar os grandes projetos e transferir o que for bom e adequado para nossa região. Eu fiz mais de 55 visitas técnicas a instituições de ensino superior brasileiras, fui a Cuba, aos Estados Unidos e à Europa, onde conheci várias IES na missão técnica organizada pelo Semesp, o que consolidou o nosso projeto", atesta.

De acordo com Santos, os gestores educacionais também não precisam copiar. "Precisamos saber estabelecer relação entre aquilo que o mundo está fazendo e aquilo que a gente pensa, em que acredita e que é necessário à nossa comunidade, independentemente das fronteiras que existam. O Brasil é um país rico, com capital intelectual muito significativo. Nós precisamos ordenar, conduzir melhor os nossos processos." Para ele, é a paixão que faz a diferença. "Tem gente que não conseguiu ser dominada por esse sentimento tão importante em nossa vida", diz o educador. E conclui: "Eu digo que você poderá ir mais longe se colocar a alma a serviço do seu projeto".

6

Crescimento e grandes eventos esportivos: desafio e oportunidade para as IES

O quadro não poderia ser melhor. O atual crescimento econômico e a realização de grandes eventos esportivos no Brasil, como a Copa do Mundo em 2014 e os Jogos Olímpicos em 2016, são promessas de expressivo ingresso de investimentos no país nesta segunda década do século 21. Esses aportes de recursos, destinados a áreas fundamentais da economia brasileira e à criação da infraestrutura necessária para fazer frente à nova dinâmica econômica e social, representam um desafio e uma oportunidade para as instituições de ensino superior. Formar pessoal capacitado para os setores que receberão tais investimentos, com o perfil e as competências exigidas por um mercado em que a qualificação profissional é condição fundamental para o emprego – é isso o que se espera do setor acadêmico do país.

Na visão de Caio Luiz de Carvalho, professor universitário e dono de longa carreira pública na área de turismo – foi ministro do Turismo (2002) e desde 2005 é presidente da São Paulo Turismo (SPTuris), sociedade anônima que tem como sócia majoritária a Prefeitura Municipal de São Paulo –, capacitar pessoal para os grandes eventos implica preparar profissionais não só para os eventos em si, que são transitórios, mas para a transformação que a realização deles vai gerar em vários setores. "É importante não ficar só no oba-oba do evento, mas tentar ver qual a solução para capacitação de mão de obra para o futuro", diz Carvalho.

Para ele, os maiores impactos decorrentes desses acontecimentos de porte mundial são sentidos nas áreas de economia e desenvolvimento, infraestrutura, mobilidade, comércio, recuperação urbana, cultura e turismo.

Quadro 15

Benefícios dos eventos 2014 e 2016 para o Brasil (segundo os investidores)

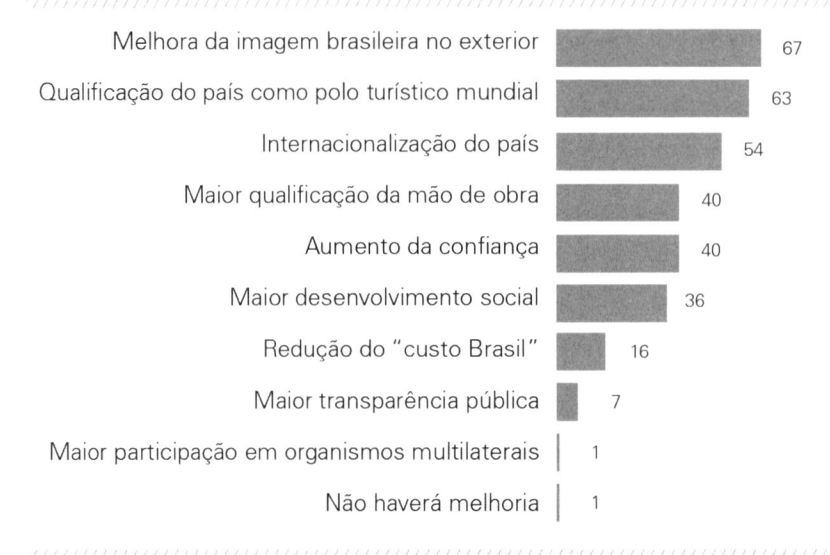

Benefício	Valor
Melhora da imagem brasileira no exterior	67
Qualificação do país como polo turístico mundial	63
Internacionalização do país	54
Maior qualificação da mão de obra	40
Aumento da confiança	40
Maior desenvolvimento social	36
Redução do "custo Brasil"	16
Maior transparência pública	7
Maior participação em organismos multilaterais	1
Não haverá melhoria	1

Principais benefícios da realização dos megaeventos no Brasil (%)

Benefício	%
Efetivação dos projetos relacionados a infraestrutura e logística	91
Ampla divulgação do país no exterior	84
Aumento do fluxo de turistas	82
Atração de investimentos estrangeiros	76
Geração de empregos diretos e indiretos	65
Revitalização de áreas urbanas	59
Elevação do PIB	46
Estímulo às parcerias público-privadas	35
Elevação dos investimentos em saúde e educação	6

Fonte: Pesquisa "Brasil, Bola da Vez", Deloitte/Ibri, 2010

"Há necessidade de as universidades estarem atentas para a questão de formação profissional de modo a dar atendimento a todas essas áreas, encaminhando os jovens que saem das faculdades para aquelas que poderão oferecer melhor oferta de trabalho", recomenda o especialista.

Mas há quem pense de forma diametralmente oposta em relação ao papel das IES na preparação dos eventos. Para o economista Roberto Macedo, vice-presidente da Associação Comercial de São Paulo e professor de Economia da USP, tanto para atender aos grandes eventos como para respaldar o crescimento econômico, a necessidade maior de mão de obra para indústria, comércio e serviços deverá se concentrar no pessoal de baixa e média qualificações, gerando maior demanda para o ensino profissionalizante. Segundo ele, continuará havendo grande necessidade de profissões de nível superior, mas, destaca, "as pessoas estão cada vez mais trabalhando fora das profissões que escolheram, em ocupações atípicas".

"Penso que essa é a grande falha nacional", diz Macedo, exemplificando com a profissão de engenheiro. "Os engenheiros se formam e depois vão trabalhar em bancos. São bons alunos, desenvolveram a capacidade de estudar, de se concentrar e de resolver problemas: tendo novamente um desafio, eles aprendem e vão."

E que setores devem receber mais investimentos e, desse modo, demandarão mais mão de obra capacitada?

Roberto Macedo cita um levantamento feito pelo Bradesco junto a 900 empresas para saber o que elas estão fazendo em matéria de investimento. O estudo aponta que houve aumento nos investimentos desde 2004 e que, depois de uma queda em 2009, o ano da crise, grande número de empresas afirmava a intenção de investir. Pelo levantamento, comércio, transporte, logística, energia elétrica, alimentos, petróleo e construção civil eram os setores que deveriam anunciar investimentos.

"Na hora em que você coloca por tamanho e montante, aí aparece em primeiro lugar petróleo", diz o economista. "Se a instituição de ensino está numa região que receberá impacto do programa do pré-sal, isso conta. Mas há outras áreas", sustentou Macedo, acrescentando rodovias e mineração ao rol do levantamento do Bradesco. "Esses são os grandes investimentos, e as instituições de ensino precisam olhar para esses setores."

Quadro 16

Investimento bruto dos BRIC

(% do PIB)

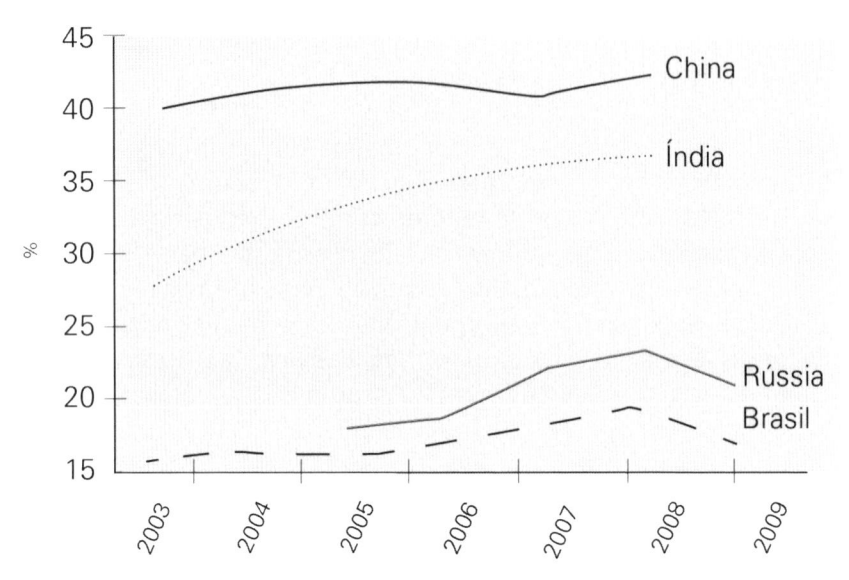

[Gráfico de linhas mostrando o investimento bruto (% do PIB) de 2003 a 2009 para China (~40-42%), Índia (de ~28% a ~37%), Rússia (de ~15% a ~23%, pico em 2008) e Brasil (~16-18%).]

Fonte: Escritórios de estatística de cada país

Macedo lembra ainda que as instituições de ensino têm que pensar globalmente e agir localmente. Aos gestores das IES, recomenda que procurem observar a economia brasileira como um todo, mas com foco principalmente no entorno da região onde trabalham, para ver o que existe ali em termo de oportunidades: "Por exemplo, em Santos, a Petrobras montou uma divisão e está empregando pessoas. A área próxima de São Sebastião, no litoral norte de SP, deve oferecer muitas oportunidades, como também é o caso do estado do Rio de Janeiro". Ele diz que, se fosse mantenedor de uma instituição de ensino superior, mandaria fazer uma pesquisa nas empresas do entorno da instituição. "Contrataria estudantes como estagiários para o *call center* e começaria a ligar para as empresas para saber que investimentos existem ali. Você tem que sair para ver o que está acontecendo e buscar informações."

Segundo o economista, o crescimento do Brasil indica que o país poderá ser mais competitivo, receber mais investimentos.

"O que puxou a economia brasileira foram o crédito, a demanda externa e a queda da taxa de juros, que vêm desde o governo Fernando Henrique Cardoso", diz, mas não deixa de destacar que a baixa taxa de investimento é o "calcanhar de aquiles" da economia brasileira. "O Brasil investe muito pouco, mas consome muito. O crescimento atual é feito à base do consumo mais transferência de renda. Ainda assim, o Brasil investe", admite Macedo, com base em dados que mostram que o investimento do país chega a 18% do PIB. "Quem investe isso é país desenvolvido. O Brasil investe, portanto, mais ou menos o que os países desenvolvidos investem. A questão é que em Paris, Nova York e Londres está tudo construído, enquanto aqui está tudo por construir."

Sobre a Copa do Mundo e os Jogos Olímpicos, ele vê a realização dos eventos com muito ceticismo. "Entendo que o Brasil foi irresponsável ao topar fazer esses eventos – agora, precisa fazer bonito. Mas, em termos de retorno do investimento, teremos uma manada de 'elefantes brancos'. Compare com o caso da Alemanha, onde os estádios para a Copa, em sua maioria, eram privados. Lá, os estádios estão sempre cheios, com média de 40 mil espectadores. Mas, aqui no Brasil, o público é de 20 mil", questiona.

Seja como for, os grandes eventos terão efeitos transitórios e efeitos duradouros, inevitavelmente. "Haverá investimentos vultosos em estádios, aeroportos, transporte, logradouros públicos, hotéis, mas, na parte educacional, penso que predominarão os transitórios", analisa. "Teremos demanda de pessoal, mas, depois, aquilo se esgota. Você não fará uma graduação nova por causa de Olimpíada... Pode até fazer um curso geral para esportes, se quiser, mas não por causa desse evento. E quem quiser se envolver nisso tem que ir atrás dos organizadores, dizer que tem estagiários, que quer participar da organização, principalmente os que tiverem cursos de hotelaria e turismo", afirma.

Presente na área de turismo desde 1983, Caio Luiz de Carvalho concorda que o grande questionamento relativo a esses grandes eventos é, mesmo, o de seu legado econômico e social, que, para ele, será positivo. "Isso é indiscutível", diz. "É claro que, quando se fala de um megaevento esportivo, não podemos deixar de ir além do fato de que ele exige equipamentos modernos para a prática de esportes e de atividades voltadas para o lazer. Não dá para falar em investimentos apenas em equipamentos". Assim, segundo Carvalho, "na hora em que forem feitas as contas desses megaeventos, veremos que os investimentos são muito maiores do que isso".

Carvalho cita uma pesquisa da Deloitte, que perguntou a seus clientes se eles pretendiam investir nos dois grandes eventos. Grande empresa na área de pesquisa econômica e consultoria financeira, ela constatou: na Copa do Mundo de 2014, 58% responderam "sim" e 42%, "não"; na Olimpíada de 2016, 61% disseram "sim" e 39% "não". Quanto aos impactos indiretos por setor, segundo esses investidores a área de comércio será a mais impactada, com 88%; bancos e serviços, 48%, e educação, 36%. Para o Brasil, segundo os investidores, os principais benefícios serão a melhoria da imagem e a qualificação do país como polo mundial de turismo.

Diante disso, a quais questões o Brasil precisa responder para comprovar sua capacidade de realização de megaeventos?

Segundo Carvalho, "a grande questão é se as cidades-sedes conseguirão realizar tudo aquilo que prometeram, e também se os investimentos públicos serão bem aplicados. Na hora em que falamos dos impactos dos eventos, certamente, a grande dúvida é a questão de superfaturamento, de corrupção, se realmente ficará um legado ou não para o país, para que não se repita o que aconteceu, por exemplo, nos Jogos Pan-Americanos do Rio de Janeiro", afirma Carvalho. Essa referência diz respeito à revisão do processo, feita pelo Tribunal de Contas da União, revelando que o orçamento dos jogos Pan-Americanos de 2007 foi estourado em 10 (dez) vezes o inicialmente previsto, além de terem sido encontradas obras superfaturadas, desvio de verbas etc.

Ele lembra que o governo tem uma conta a pagar de 100 bilhões de reais só com a Copa do Mundo. "Se juntarmos a Olimpíada, serão mais 30 bilhões, e quem pagará tudo isso será o governo federal, até porque, quando analisamos o histórico desses grandes eventos, eles só se sustentam se houver dinheiro público. O setor privado lucra, os patrocinadores lucram, mas o evento só acontece se o dinheiro público aparecer", diz Carvalho. De fato, observando-se a história dos Jogos Olímpicos, argumenta, vê-se que o financiamento privado funcionou em Los Angeles (1984), Atlanta (1996), Sidney (2000); daí para a frente, os eventos tiveram aportes de dinheiro público, senão, não teriam acontecido. Os jogos posteriores aconteceram na Grécia, em 2004, e em Pequim, em 2008. E mesmo as Olimpíadas de 2012, em Londres, têm parte importante das iniciativas – sobretudo os referentes a locais e infraestrutura – bancados por investimentos públicos.

No que diz respeito à forma como as instituições de ensino superior poderiam trabalhar em relação aos grandes eventos, Carvalho sugere que elas procurem "exercitar visões estratégicas sobre como conseguiremos que a conta feche no papel". E cita o exemplo da Inglaterra: "Sabendo do histórico desses eventos, os ingleses estão trabalhando para mensurar o intangível, objetivando fazer a conta fechar, trabalhando tudo aquilo que não está na ponta do lápis, aquilo que proporcionará o 'algo mais' como resultado para o país".

Quadro 17

Modelo de financiamento dos Jogos Olímpicos

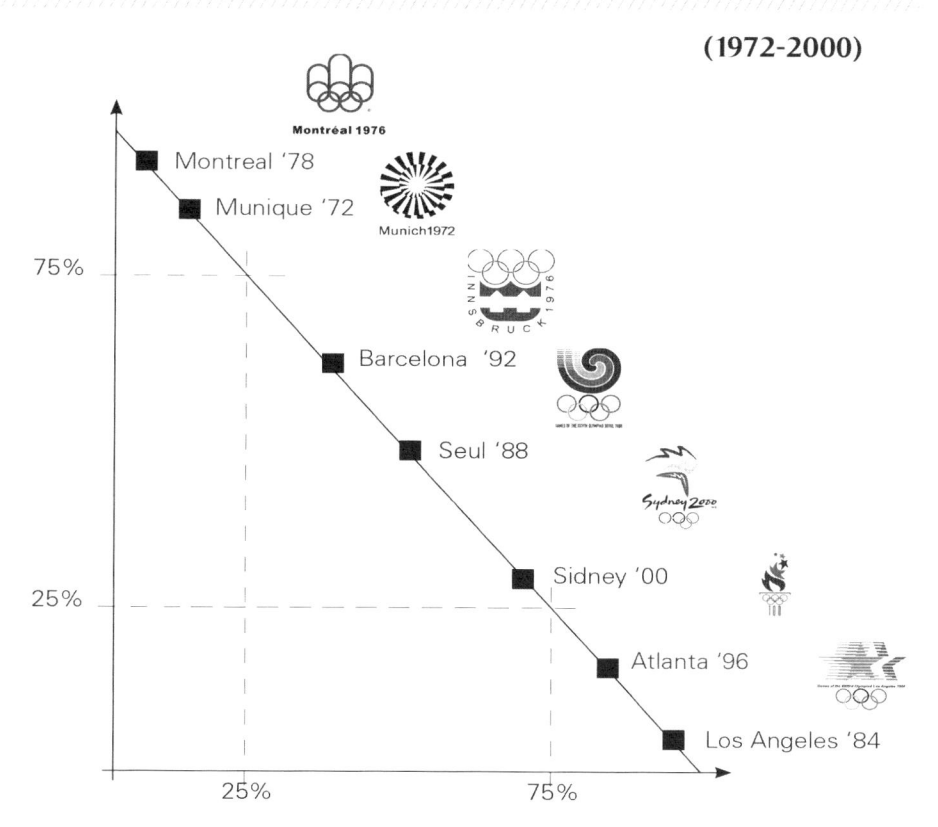

(1972-2000)

- Montreal '78
- Munique '72
- Barcelona '92
- Seul '88
- Sidney '00
- Atlanta '96
- Los Angeles '84

75%
25%
25%   75%

Fonte: Soldberg & Preuss, 2007

> Esta década pode ser o momento
> de darmos um salto,
> porque não teremos oportunidades
> como as dos megaeventos
> esportivos nesta geração.

Nesse caso específico, segundo Carvalho, "valeria a pena a universidade se debruçar um pouco sobre esse exemplo para entender como os ingleses estão trabalhando essa questão, a metodologia de avaliação contingencial dos jogos, para nos remeter a uma reflexão sobre o que é preciso fazer para fecharmos a conta. E, sobretudo, para não cometermos os mesmos erros que os últimos jogos vêm cometendo em sua execução". Para ele, "não há dúvida de que todos temos interesse nesses grandes eventos, mas precisamos refletir e encontrar os caminhos para fazer deles um bom negócio, e não um negócio que vá nos deixar mais pobres".

Segundo Roberto Macedo, muito disso se resolveria com planejamento. "Sou economista e, se estivesse metido nisso, procuraria usar os recursos para investimentos em infraestrutura e tornar as exigências com os estádios não tão rigorosas como quer a Fifa. Isso está ligado aos patrocinadores, que querem ter uma sala para receber convidados, camarote vip, restaurantes de luxo e essas coisas todas. Entendo que isso deveria ser bastante negociado, para não serem tão exigentes com os estádios públicos. Agora, com os estádios privados, como esse do Corinthians, dá para financiar. Tem até um economista que fez uma conta simples: se você vender 20 mil cadeiras a 10 mil reais, terá 200 milhões. Já é um bom pedaço do estádio. E, se você vender a marca do estádio para algum patrocinador, o chamado *naming right*, você pega mais 100 ou 200 milhões e tem dinheiro para o resto do estádio", conclui.

Para Fernando Trevisan, diretor geral da Trevisan Escola de Negócios, a indústria do esporte já vem passando por um processo de maior profissionalização nos últimos anos, independentemente de sediarmos grandes eventos ou não. "Isso já vem num crescendo. Percebemos clubes, principalmente de futebol, com níveis de faturamento cada vez maior; vemos parcerias ganha-ganha entre empresas e modalidades esportivas, como o voleibol e o Banco do Brasil, já há quase 20 anos. Então, é um momento mais do que oportuno podermos sediar os dois maiores eventos do planeta", diz.

E isso se justifica, segundo Trevisan, "não só pelos eventos em si, mas pelo momento que o país vive, por questões como o pré-sal, por exemplo. Tudo isso impulsionará o processo de desenvolvimento e acredito que esta década pode ser realmente o momento de transformação, de darmos um salto, porque não teremos tantas oportunidades assim tão próximas. Pelo menos, não na nossa geração".

O que justifica a ousadia de encarar realizações de tal porte? Trevisan levanta o argumento que, no Brasil e no mundo, vem animando os países, principalmente os emergentes, a oferecer sua candidatura para sediar os grandes eventos esportivos mundiais. "O bom desses acontecimentos é que eles vêm para antecipar uma série de investimentos que em algum momento o país teria mesmo de fazer em aeroportos, portos, mobilidade urbana, rodovias. Quando temos uma data para começar o evento, precisamos correr atrás e fazer as coisas acontecerem de forma mais rápida. Com isso, estamos acelerando o processo de desenvolvimento do país".

Direcionando o raciocínio para a questão do ensino, da necessidade de preparar as pessoas, não só para o evento em si, mas para a transformação que essas realizações poderão gerar para vários setores, Trevisan acredita que "é nosso dever, como instituição de ensino, estar mais atentos aos setores que serão mais impactados, que demandarão mais mão de obra, e direcionar nossos programas e treinamentos para atender a esses setores".

Outro ponto importante, segundo ele, é a carência de dados confiáveis: "Esse é outro desafio para as instituições de ensino superior: poder prover mais informações científicas abalizadas, para podermos entender quais são os resultados tangíveis e intangíveis que esse negócio trará para o país".

7

Retenção de alunos e novas demandas do mercado de trabalho

No Brasil, de cada dez estudantes de instituições privadas, dois abandonam a universidade. O quadro é ainda mais grave na região metropolitana de São Paulo: de acordo com dados levantados pelo Sindata, o sistema de informações do Semesp, o índice de evasão nas IES privadas atingiu em 2009 o recorde de 27,01%. Isso representa cerca de 197 mil jovens para os quais o sonho da formação no ensino superior foi interrompido, afastando-os ainda mais da empregabilidade.

Contudo, mesmo para a maioria dos jovens que persegue seu objetivo e chega ao final do curso, o momento de deixar a universidade e ingressar no mercado de trabalho não é fácil. Os recém-formados deparam com uma dificuldade adicional: atender às expectativas das organizações que lhes oferecem a chance de um emprego.

Esses jovens, nascidos após 1980, são genericamente definidos como pertencentes à Geração Y – a também chamada "geração do milênio", dos que se desenvolveram em meio a grandes avanços tecnológicos e prosperidade e apresentam boa autoestima. No entanto, embora muito parecidos entre si, tanto em referências como em comportamento, eles mostram diferentes perfis no ensino superior, o que torna as tarefas de retê-los nas instituições e de prepará-los para as novas demandas do mercado de trabalho um verdadeiro desafio para mantenedores e gestores das IES.

Segundo o economista Marcos Calliari, presidente da Agência Namosca – consolidada no mercado como referência quando o assunto é marketing jovem e especializada no público universitário –, "essa geração tem particular importância, porque é justamente a que marcou o grande crescimento no número de alunos no ensino superior e representa a geração da tecnologia, do Facebook, do relacionamento digital, da superexposição, do *Big Brother*, dos *blogs,* dos perfis nas mídias sociais e, uma característica extremamente importante, é a geração dos *games*".

Quadro 18
Distribuição das gerações no mercado de trabalho (2010)

33%
Ger. Baby Boomers
(45 a 70 anos)

37%
Ger. X
(30 a 334 anos)

30%
Ger. Y
(18 a 29 anos))

Fonte: Agência Namosca

Um estudo da revista *Science*, reproduzido pelo jornal *The New York Times*, descreve as mudanças significativas na maneira como se dão as sinapses cerebrais nesses jovens como efeito do uso de recursos tecnológicos, dentre eles os *games,* e de terem sido alfabetizados pelo computador. São indivíduos multitarefas, que fazem tudo ao mesmo tempo e cujo dia, somadas todas as atividades, tem duração de 46 horas. E como se não bastasse, lembra Calliari, ainda querem e precisam se sentir engajados. Os jovens dessa geração desejam se envolver – em geral, abraçam a questão do meio ambiente e causas sociais –, o que transforma em problema qualquer metodologia de ensino que inclua a transmissão de conteúdos de forma unidirecional, sem maior participação e sem uso intensivo de tecnologia.

Quadro 19
Vida Universitária
Base: Total: 729

Afirmação	Concordo totalmente	Concordo em parte	Nem concordo nem discordo	Discordo em parte	Discordo totalmente
Tive total liberdade para escolher o curso / faculdade	58	25	12	4	2
Estar na faculdade foi uma grande conquista para mim	51	28	16	4	
Pretendo continuar estudando após a faculdade	48	29	17	5	2
Tenho certeza de que escolhi o curso certo	39	30	20	8	3
Sei exatamente o que quero fazer depois de terminar a faculdade	34	33	19	9	5
Sou bastante integrado com a turma da faculdade	16	29	22	18	16
A vida universitária é a melhor fase da minha vida	17	29	38	8	8
É importante estudar no exterior por um período	12	25	16	13	34
Vivo na companhia dos amigos da faculdade	10	21	12	17	41
Passo a maior parte do tempo na faculdade	16	29	22	18	16
Ser *trainee* é fundamental para mim	17	29	38	8	8
Às vezes fico em dúvida e penso em mudar de curso ou faculdade	12	25	16	13	34
Acabei escolhendo esse curso por impulso, não sabia ao certo o que fazer	10	21	12	17	41
A vida universitária é mais diversão que estudo	7	19	21	25	29
Só faço faculdade por pressão de meus pais	4	16	11	11	59

A principal característica dessa geração é que, embora sejam sociáveis como os jovens das gerações anteriores, essa característica foi potencializada praticamente ao infinito pelas ferramentas tecnológicas de comunicação. "A sociabilidade dos jovens dessa geração faz muita diferença, porque eles captam e formam opinião, tomam decisões e as multiplicam rapidamente em seus contatos sociais, o que torna a influência *peer-to-peer* ("entre pares", ou seja, do colega que fala para o colega), uma das principais ferramentas mercadológicas da atualidade", diz Calliari.

Outro aspecto relevante é o da colaboração, cuja origem são as ferramentas tecnológicas, que facilitam a interação entre as pessoas. Além disso, é importante registrar que esse jovem cresceu num lar muito mais acolhedor e aberto ao diálogo – portanto, ele está acostumado a ser ouvido. Segundo Calliari, "empresas e certamente as instituições de ensino têm que perceber a necessidade de participação do jovem dentro de qualquer processo para que ele se sinta comprometido".

Uma pesquisa denominada Painel Universitário, feita em 2009 pela Agência Namosca, envolveu aproximadamente 750 universitários brasileiros e revelou que, em comparação com as gerações anteriores, essa é uma geração muito menos "enganável" e muito menos disposta a "engolir sapo", o que coloca para as instituições de ensino superior desafios muito grandes para se apresentarem como relevantes e poderem atrair e reter a clientela composta por esses jovens.

"Quando perguntamos para o universitário sobre o fato que marcou a vida dele, um quinto da amostra declarou que foi 'passar no vestibular'. E 80% dos universitários ouvidos reconhecem que estar na faculdade é uma grande conquista. Ou seja, estar presente numa instituição de ensino superior é a coisa mais importante na vida daquele jovem naquele momento. Isso demonstra uma vontade enorme de se engajar, de se envolver. Mas a questão é: será que as instituições estão dando condições para o envolvimento, o engajamento desse jovem?", questiona Marcos Calliari.

Como a secretaria é a porta de entrada e de saída do aluno numa IES, já que ali é feita a matrícula e é onde o aluno recebe o diploma, a área passou a ser um "filtro" para atender à manifestação da vontade do aluno. Foi criada uma área para cuidar de permanência, que passou a receber todas as informações sobre os motivos e as necessidades que levavam os alunos a desejar sair da instituição. A área de permanência passou a ter o poder de negociar e de encaminhar cada aluno que procurava a secretaria indicando desejo de interromper os estudos para as áreas capazes de ajudá-lo a desistir daquela ideia.

Quadro 20

Motivos para o desligamento dos estudantes

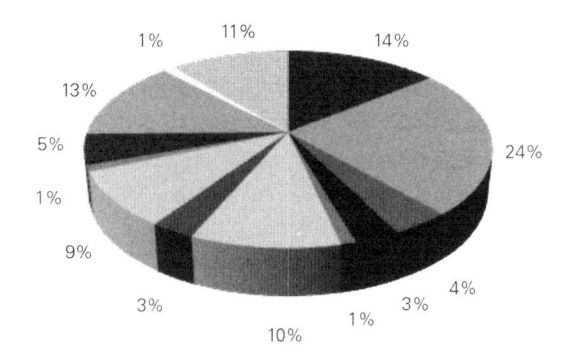

- 14% Familiar / Particular (gravidez, casamento, doença na família)
- 24% Financeiro
- 4% Opção por curso não oferecido pela S. Camilo
- 3% Insatisfação com o curso
- 1% Insatisfação com a instituição
- 10% Trabalho (horário, mudança de local)
- 3% Aprovação em faculdade (pública, particular)
- 9% Reprovação (excesso de faltas, notas baixas)
- 1% Mudança de endereço (cidade, estado)
- 5% Saúde mental (depressão, pânico etc.) ou física
- 13% Dificuldade no aprendizado (idade, escola pública, professor)
- 1% Indisponibilidade da instituição (curso, horário, matéria, DP)
- 11% Outros

Obs.: A porcentagem ultrapassa 100%, pois o aluno pôde responder a mais de uma alternativa.

Fonte: Centro Universitário São Camilo

> Na faixa dos 18 a 24 anos, apenas 13% dos brasileiros estão no ensino superior. Índice preocupante se comparado com os 24% da China e os 80% da Coreia do Sul.

E quais são essas áreas? "Serviço Social, Coordenação de Curso, Psicologia, Psicopedagogia e Financeiro", diz Salles. Nesse caminho, o Serviço Social faz uma entrevista socioeconômica, levanta o problema e aplica as políticas institucionais e os recursos ofertados pela própria comunidade acadêmica para atendimento do caso. Na Coordenação de Cursos, o aluno recebe orientação acerca da disciplina, do curso e do mercado profissional. O Serviço de Psicologia e o de Psicopedagogia fazem o acolhimento e o diagnóstico quando há dúvidas, crises e angústias, provocadas especialmente pelo envolvimento emocional nas situações de atendimento prático de estágio. Antes de chegar à área Financeira, o responsável pelo trabalho de permanência usa sua autonomia para manter o aluno, utilizando as possibilidades oferecidas pela política da instituição e, quando sai da sua alçada, encaminhando o assunto diretamente à Pró-Reitoria Administrativa para ser decidido.

"Pode-se ver que a questão da permanência não é pura e simplesmente designar uma pessoa para atender a um aluno ou a muitos alunos, mas um esforço coordenado e conjunto de várias áreas integradas, que se falam e se comunicam bastante, para que todo o processo possa ter efetividade", diz o pró-reitor. Esse tipo de serviço foi implantando na São Camilo em janeiro de 2009 e, no final daquele ano, 41% de alunos tinham sido demovidos da ideia de deixar a instituição. Até agosto de 2010, a taxa de sucesso do programa já era de 43%. E a meta de taxa de sucesso da área de permanência é de 50%.

"O que fazemos no trabalho da área de permanência é transformar a vontade daquele aluno que manifestou o desejo de ir embora ou que não estava engajado na nossa instituição. Trata-se de operar de tal modo que ele passe a se engajar por meio dos canais que disponibilizamos para essa finalidade", diz Salles. E a ideia pode ser utilizada por qualquer instituição de ensino superior. "É só estabelecer bem os perfis dos profissionais nas áreas para conseguir bons resultados", completa. Quanto custa isso? "Na verdade, tudo de que dispomos para atender e engajar o aluno já está dentro de casa", ele responde. De fato, as IES, dispõem de Serviço de Psicologia, Apoio Psicopedagógico, Departamento Financeiro, Serviço Social, Coordenação de Cursos. "Simplesmente pedimos a cada um dos profissionais dessas áreas que dê um pouco de si para ouvir o aluno. Eu ousaria dizer que não custa nada", conclui.

Enfrentando o mercado

A etapa seguinte à conclusão do curso apresenta novo desafio para os alunos que permaneceram nas instituições. Conciliar as expectativas dos recém-formados com as perspectivas das empresas em relação à mão de obra ideal desejada é tarefa que deve ser desenvolvida dentro das instituições, no decorrer do processo de transmissão de conhecimento e de aprendizagem, para garantir um mínimo de empregabilidade aos egressos.

Com a experiência de ter acolhido, somente em 2009, 45 mil jovens em processos seletivos para programas de estágio e *trainee,* a gerente de Orientação de Carreiras da Cia. de Talentos, Bruna Dias, responsável pelas ações com esse segmento da consultoria de recursos humanos DMRH, conhece a fundo a questão. Ela

Quadro 21

Filhos e subordinados da Geração Y

A forma de brincar, consumir e aprender mudou.

Poucos limites e regras, o que gera pouquíssima resistência à frustração

A relação com a família e a escola é de igualdade e sem "medo".

Cresceram recebendo tudo pronto. Pouca experiência em planejamento ou saber esperar.

Pais dão muito espaço para escolhas, mas pouca ajuda em reflexões de autoconhecimento

Fonte: Cia. de Talentos

ressalta que o grande problema é que, em geral, todos procuram receitas prontas. "Mas, como a distância que separa o talento potencial do futuro desempregado é muito curta, não há uma cartilha a seguir no mercado de trabalho", afirma. Na quantificação feita pela profissional, o índice de aprovação nos programas de estágio em 2009 foi de 0,76% e para os programas de *trainee*, de 0,1%. "Com esses índices, temos em média de mil a 2 mil candidatos por vaga nos programas das grandes empresas", conclui.

A pergunta que Bruna mais ouve – "O que fazer?" – chega de todo os lados: empresas, alunos e instituições de ensino. "Em primeiro lugar, é preciso tentar entender por que as empresas querem tanto esses jovens da Geração Y, e o que acontece do lado deles", diz. E explica que "uma das características da Geração Y é o imediatismo para conseguir aquilo que quer e a baixa resistência à frustração, que impacta o jovem na hora em que recebe o primeiro 'não' do mercado de trabalho, mesmo tendo feito tudo direito. Do lado das empresas, muitas falam que esse jovem faz muitas coisas ao mesmo tempo, mas não é comprometido: qualquer empresa que oferece um diferencial basta para ele ir embora".

Bruna destaca que o jovem sabe desde a pré-escola o que terá de ser feito. Ele vai do primeiro para o segundo ano, do segundo para o terceiro e assim por diante. Quando presta o vestibular, começa tudo de novo e, se entregar os trabalhos, tiver xis por cento de presença e estudar para a prova, independentemente de tirar nota 10 ou nota 5, ele passará de ano. Se fizer tudo direito, "ganha a bicicleta no final do ano", ironiza. Mas, quando ele sai da escola, o processo muda. "A informação de que no mercado de trabalho isso não funciona é uma transição que deveria ser preparada durante os anos na universidade", diz ela. "Como professores, às vezes damos tratamento de criança aos jovens e eles levam esse comportamento para as empresas: eles estão lá, fazem tudo certo, mas cadê a promoção, cadê a 'bicicleta' deles?"

E as empresas? O que elas querem hoje? Segundo a especialista, não há um perfil único para o mercado atual, "mas existem alguns pontos comuns em relação a comportamentos e competências técnicas exigidas pelas empresas". O perfil procurado abrange boa base escolar, idiomas – no mínimo inglês fluente –, e informática. Capacidade para mudanças, modernização de processos e novas ideias estão entre as exigências mais importantes. E há ainda o engajamento nos processos da empresa, a disponibilidade e a flexibilidade, a prontidão para aprender, além de pró-atividade, iniciativa e respostas rápidas aos desafios. Humildade e paciência para entender o tempo de desenvolvimento profissional é um requisito específico para a Geração Y, pois, segundo as definições dos sociólogos, os jovens dessa turma são pessoas "acostumadas a conseguir o que querem, não se sujeitam às tarefas subalternas de início de carreira e lutam por salários ambiciosos desde cedo".

"As empresas já perceberam que inglês, dependendo da disponibilidade de tempo e recursos, qualquer um aprende; informática é algo que já vem com essa geração e, se precisar de algo técnico, basta oferecer um curso", diz Bruna. "Agora, o que é que não é possível ensinar? A ter humildade, a ter iniciativa. Então, o desenvolvimento comportamental hoje é tão ou mais importante que o desenvolvimento técnico, porque as empresas partem do pressuposto de que bom nível escolar, idioma e informática são básicos. O que realmente diferenciará um candidato ao mercado de trabalho, numa proporção de mil a 2 mil por vaga, não é mais só isso. Portanto, é preciso mostrar a esses jovens que existem outras coisas às quais eles precisam dar significado e que farão a diferença", sustenta.

Bruna defende que as instituições de ensino ajudem os alunos a perceber como as experiências de vida e as vivências acadêmicas, de iniciação científica, de participação na comissão de formatura, de monitoria, por exemplo, podem agregar valor a seu perfil para o trabalho. "É importante que eles possam identificar essas experiências, dar significado a elas, para poderem falar da faculdade, do intercâmbio e da formação, para poderem se olhar e ter uma reflexão sobre aquilo que realmente querem. Se o aluno não conseguir dar significado a essas experiências, ele não conseguirá dar as respostas que lhe permitam ser aprovado pelo mercado."

Um estudo conduzido por ela em 2009 procurou categorizar as competências e comportamentos que mais servem para aprovar ou desaprovar os candidatos a vagas no mercado de trabalho. Conclusão: "os indicadores mais positivos são trabalho em equipe, ou conseguir compartilhar informações numa postura conciliadora; foco no resultado, ou capacidade de gerenciar o tempo e terminar a tarefa no prazo; e clareza na comunicação". E quais são as dificuldades dos jovens quando estão inseridos nas empresas? Segundo a pesquisa de Bruna, "ansiedade, querer mostrar resultado e querer saber logo qual é o próximo passo; dificuldade de lidar com hierarquia e peculiaridades da organização, até porque o jovem tem mais diálogo em casa e a questão da autoridade não é vivenciada; diferença de ritmos, tendência a ver os outros como mais lentos, a empresa demora em promovê-lo, outros funcionários demoram em lhes fornecer informações; dificuldade de inclusão no grupo, por imaturidade; problemas de comunicação entre o *trainee* e o gerente; e problemas para lidar com as fragilidades e os erros apontados, dada a baixa resistência à frustração que caracteriza a Geração Y".

Diante dessas dificuldades, desse mercado competitivo e daquilo que as empresas querem, como os educadores podem ajudar esses jovens?

Bruna destaca a importância de a instituição ser um lugar onde eles se sintam bem. "Como consigo me aproximar de uma pessoa e desenvolvê-la de verdade? Mostrando que estou fazendo isso por ele, e não por mim", ela responde. E continua: "Existe uma equação segundo a qual confiança é igual a intimidade, credibilidade e respeito, divididos pelo foco em mim. Ou seja, quanto maior o foco em mim, menor a confiança no outro".

Nesse aspecto, ela considera que o melhor apoio que mantenedores e gestores podem dar aos jovens alunos é ser referência na instituição. "E só conseguir ser o exemplo na hora em que a pessoa estabelece a confiança. O que realmente deve ser feito é conscientizar os jovens para o ponto a que querem chegar e quais os seus objetivos. Tudo para que esses garotos e garotas não cheguem lá perdidos, sem entender o por quê de terem seguido tudo o que tinham de seguir e, no final das contas, estão frustrados. O mais importante é pensar em qual é a marca que queremos deixar no desenvolvimento dos alunos, não só pelo aspecto técnico, mas pelo significado que podemos ter nas suas vidas", conclui Bruna.

8

Gestão estratégica: profissionalizando a governança das IES

As instituições de ensino superior privado têm incluído entre suas preocupações o debate sobre a profissionalização de sua governança. Mesmo empresas educacionais de sucesso, geridas há décadas por seus fundadores, costumam ser alertadas para os riscos de sobrevivência que enfrentam caso mantenham a gestão familiar e não profissional. O argumento mais forte para isso são algumas evidências baseadas em fatos ocorridos no mercado. E o tema vem ganhando cada vez mais visibilidade no mercado como um todo, dada a natureza familiar de grande parcela das empresas brasileiras e a necessidade de preparação para os processos de sucessão.

A questão, naturalmente, envolve diferentes pontos de vista de consultores profissionais e mantenedores das instituições. Mas o que parece cada vez mais claro é que o grande desafio para as IES é a necessidade premente de tomarem decisões sobre o assunto. Decisões que envolvem relações familiares e societárias e reúnem componentes tanto emocionais como de mercado, mas que na maioria dos casos exigem posicionamento, sob o risco de danos irreversíveis para a organização. "Se a empresa será vendida, se será dividida ou profissionalizada, qualquer que seja a solução a ser dada, a decisão tem que ser tomada, porque, caso contrário, o problema fica muito grande", afirma Armando Lourenzo, professor da FIA/USP e reitor da divisão brasileira da Ernst & Young University, universidade corporativa multinacional de auditoria, impostos, transações corporativas e consultoria Ernest & Young Terco. Para ele, "o problema não é só a qualidade da decisão, mas a necessidade de tomá-la, porque, quando o problema é empurrado para a frente, em determinadas situações, ele fica inadministrável".

Ainda assim, Lourenzo não defende que a profissionalização seja, necessariamente, a melhor solução. "Um processo de profissionalização não pode destruir décadas de trabalho que foram essenciais e estão associadas à estratégia da instituição. Muitas vezes, a dose da profissionalização é tão grande que isso mata o sucesso da própria instituição. Trata-se de um problema muito sério", afirma, ressaltando que os fundadores de empresas são pessoas muito especiais: "A pessoa que monta uma empresa desde o início precisa de uma habilidade ímpar, que vai além do conhecimento. Elas têm um talento muito grande para administrar, e você percebe pelas estatísticas que empresas dessa origem têm um tempo de duração médio de 24 a 30 anos, que geralmente é o tempo de gestão do fundador. Quando ele se afasta, os conflitos aparecem".

Na visão de Lourenzo, o sistema de profissionalização, tanto da gestão quanto da sociedade, na prática, deve estar associado a uma série de ferramentas, como planejamento sucessório, administração de conflitos, planejamento estratégico, que devem levar à longevidade da organização. Mas, adverte: "Dizer que essas ferramentas são excelentes e que sempre dão certo não é verdade. Cada empresa é um caso, é uma situação, sendo ainda necessário administrar segundo as peculiaridades do mercado naquele momento e das pessoas que estão ali, trabalhando".

Para ele, na hora de substituir critérios gerenciais implícitos e subjetivos por critérios objetivos, o processo de profissionalização deve fazer uma separação clara entre as três dimensões que se apresentam no processo: família, propriedade e gestão. "Isso significa ter pessoas qualificadas para trabalhar na organização. O ambiente de mercado é muito diferente daquele de anos atrás. O cliente demonstrava um grau de aceitação do serviço produzido pelas instituições que é bem diferente do que existe nos dias de hoje", diz ele. E especifica, no caso das escolas superiores privadas: "Com o atual ambiente de competição, quem não tiver um grupo de pessoas muito qualificadas ficará em situação cada vez mais difícil para captação e retenção de alunos".

Apesar de tudo, Lourenzo não deixa de destacar o que a experiência mostra como cada vez mais premente: na atualidade, o caminho é mesmo o da profissionalização, apenas é preciso observar a existência de uma dosagem que deve ser respeitada. "Às vezes, queremos dar uma dose muito forte, porque a teoria indica isso, mas, na prática, é preciso ser mais gradual, porque existem características de sucesso na empresa que precisam ser preservadas", afirma.

Para Gilberto Cupola, consultor sênior da Tower Watson, organização especializada em retenção de talentos e concessão de benefícios, a questão da profissionalização das instituições de ensino superior envolve primordialmente a profissionalização daqueles que, em última análise, são os responsáveis pela captação e retenção dos alunos, ou seja, as pessoas que em nível administrativo e educacional prestam os serviços oferecidos pela instituição.

Em 2009, a Towers Watson desenvolveu especialmente para o Semesp uma pesquisa sobre cargos, salários e benefícios nas IES. A pesquisa, realizada em todo o estado de São Paulo, abrangeu um total de 18 mil empregados, mais de 200 mil alunos e 10 mil professores. Citando os resultados da pesquisa, Cupola ressalta que, na comparação entre os salários, "há um descolamento muito evidente em termos de remuneração entre o que as instituições de ensino praticam hoje e aquilo que os setores mais desenvolvidos do mercadopraticam". Quer dizer: o setor do ensino, do mercado, paga menos do que os outros. A pesquisa revelou, por exemplo, que o salário de um gerente sênior da indústria é equivalente ao salário de um diretor de instituição de ensino. Por outro lado, o nível do analista sênior de uma instituição de ensino é o mesmo de um analista pleno no mercado geral. "O que talvez indique que o nível de conhecimento desse analista sênior equivale ao de um analista pleno, até em função da remuneração que ele recebe", observa o consultor.

Cupola destaca que, pela pesquisa, em termos de remuneração variável, apenas 38% das IES estudadas oferecem algum incentivo de curto prazo a seus profissionais, seja bônus, seja PLR (participação nos lucros e nos resultados). Ele ressalta que esse índice é pequeno quando comparado com qualquer segmento de qualquer outro mercado. Automóvel, por exemplo, um benefício bastante comum para altos executivos das empresas, é raridade nas instituições de ensino superior – apenas 19% das instituições pesquisadas destinam um veículo a seus dirigentes.

A razão de mencionar esses dados, segundo o consultor, é que eles explicam o porquê de alguns mantenedores do segmento das instituições de ensino não conseguirem captar profissionais de outras áreas do mercado. Mas Cupola ressalva que esse cenário pode mudar nos próximos anos, exemplificando com o caso de um alto executivo de um grande grupo educacional que, recentemente, foi recrutado por meio do Google. "Fica cada vez mais evidente que esse cenário precisa ser modificado na medida em que as empresas queiram se profissionalizar antes de matar seu próprio negócio", afirma.

Quadro 22

Brasil: panorama do mercado de trabalho

- Vagas: 2 milhões
- Desempregados: 6,5 milhões
- Qualificados: 1,9 milhão apenas

Fonte: IPEA, 2010 / GRH-Fieo

Muitas instituições de ensino não dispõem de área de recursos humanos, mostra ainda a pesquisa. Quando ela existe, a remuneração do diretor de RH fica 27% abaixo do maior salário de diretor, que é o do diretor de Marketing. "Talvez um pouco dessa responsabilidade deva ser atribuída à própria área de RH, porque muitas vezes a pessoa responsável por recursos humanos não está ao lado dos gestores e dos diretores das demais áreas para entender suas necessidades, para saber o perfil de professores de que a instituição precisa", afirma Cupola. Para ele, enquanto as instituições de ensino não se preocuparem com um setor de recursos humanos alinhado aos objetivos da organização, composto pelos profissionais certos para cada uma de suas áreas e empenhados em ajudar a captar novos alunos, ficará mais difícil conseguir seus objetivos. Ele vaticina: "Para trazer profissionais qualificados, esse panorama terá que mudar de alguma forma".

A consultora de Recursos Humanos e docente do Centro Universitário Fieo (Fundação Instituto de Ensino para Osasco), Maria Bernadete Pupo, questiona se o motivo para a escassez de profissionais qualificados nas áreas acadêmicas e administrativas das IES é a falta de mão de obra qualificada ou a baixa atratividade do mercado de docentes.

Todos reclamam do desemprego, mas, ao mesmo tempo, achar talentos está difícil, diz ela. "Vivemos um apagão da mão de obra e um paradoxo, pois há uma quantidade imensa de vagas. Uma pesquisa feita pelo Instituto de Pesquisa Econômica Aplicada (Ipea) em 2010 mostra que temos 2 milhões de vagas, 6,5 milhões de desempregados e apenas 1,9 milhão de pessoas qualificadas e experientes", afirma.

Maria Bernadete cita outra pesquisa, feita pela Mainpower, uma empresa multinacional de gestão de carreiras. Segundo a pesquisa, 30% dos 39 mil empregadores de 33 países que foram consultados sobre a capacidade de reunir os talentos de que necessitam afirmaram ter dificuldade de encontrar candidatos qualificados em áreas específicas.

"Portanto, isso não é um privilégio só das instituições de ensino, é uma situação geral", afirma a consultora, que cita outra pesquisa, feita pelo Inep, que mostra que o déficit de professores nas séries finais do ensino fundamental e médio do Brasil é de 710 mil docentes, e que 55% das vagas dos cursos de pedagogia e formação de professores estão ociosas, sendo que a estimativa média de evasão nesses cursos chega a 34%. Segundo Maria Bernadete, o cenário oferecido por esses resultados nada motivadores reforça a questão levantada por ela. Diante da falta de mão de obra qualificada e também da baixa atratividade da docência, o que o setor do ensino superior precisa fazer para efetivamente promover a sua profissionalização?

"O que percebo é que essa é uma característica das instituições de ensino. Dentro delas vivemos dois mundos diferentes: o mundo dos docentes e o mundo dos administrativos. Isso cria uma sensação de não pertencimento que é muito ruim para quem vive lá dentro. E eu posso falar, porque já fui auxiliar administrativa e agora sou docente, e sei que ficamos meio desconectados de tudo isso", afirma Maria Bernadete.

Para ela, as práticas de gestão são extremamente conservadoras. Nesses casos, "o departamento de Recursos Humanos ainda é visto como um órgão voltado para as atividades burocráticas de departamento de pessoal", diz a consultora. Segundo Maria Bernadete, o desempenho das pessoas ainda é avaliado com critérios pouco profissionais. "A estrutura de pessoal, tanto de auxiliar quanto de docentes, é muito pesada, antiga. E percebemos que houve uma movimentação muito forte na questão salarial dos professores mais antigos", diz a consultora. "Com todo o respeito que tenho por todos, preciso lembrar que existem ainda muitos 'professores de giz', que já foram bastante importantes em determinadas épocas, mas têm só a experiência acadêmica. Hoje, o mercado mudou e exige mais dinâmica. As instituições, porém, ainda carregam esses professores e alguns auxiliares por reconhecimento. Isso realmente tem que mudar", afirma

Quadro 23

Baixa atratividade para a docência

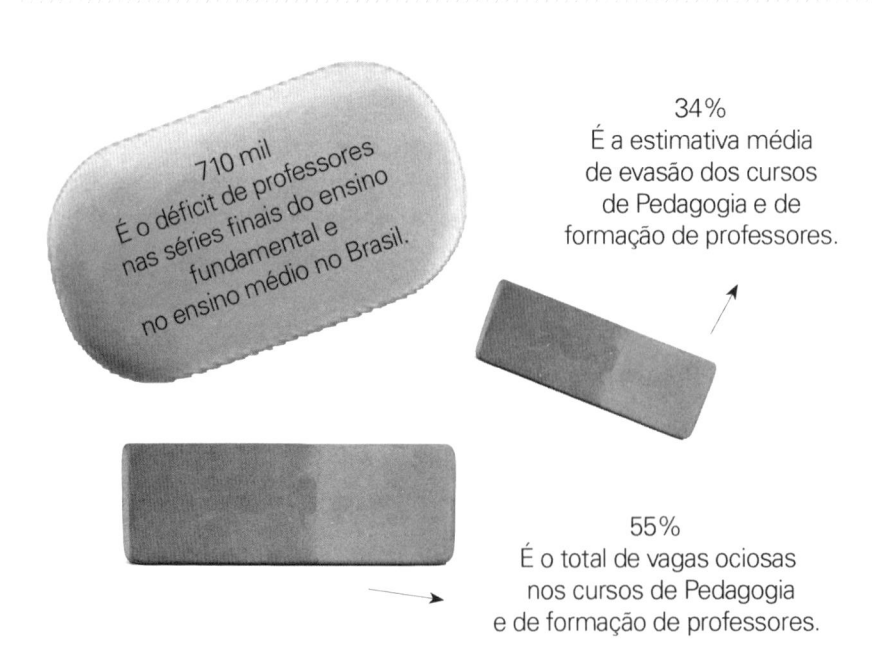

710 mil
É o déficit de professores nas séries finais do ensino fundamental e no ensino médio no Brasil.

34%
É a estimativa média de evasão dos cursos de Pedagogia e de formação de professores.

55%
É o total de vagas ociosas nos cursos de Pedagogia e de formação de professores.

Fontes: Inep e Censo da Educação Superior, 2004 e 2008 / GRH-Fieo

Ela concorda com a visão de Gilberto Cupola relativa a remuneração. "Percebemos que a estrutura salarial das instituições está muito confusa. Embora nesse meio existam algumas que estão se modernizando, de modo geral, a maioria ainda pratica a diversidade de salários, principalmente porque os antigos ganham muito. Como não dá para manter salários nesses níveis, elas começam a contratar pessoas mais novas, ganhando menos, e tudo vira uma colcha de retalhos", revela.

Maria Bernadete considera que a seleção está cada vez mais complicada nas instituições de ensino, porque há pessoas com experiência em educação, mas não em gestão, e quando se encontra um profissional que apresente as duas competências, a pessoa custa muito, tornando complicado administrar esse item.

Quanto à visão estratégica, a consultora considera que não é compartilhada com os demais, nem com a equipe, nem com os gestores. "Cada um trabalha dentro da sua área, da sua 'lojinha', como eu costumo dizer. Por isso, é evidente que o comprometimento com o resultado é baixo. Ninguém sabe o que está acontecendo: a pessoa é paga para trabalhar, cumpre sua tarefa e vai embora. Se tem resultado ou não, não é problema dela. Ninguém cobra, ninguém posiciona ninguém."

Segundo a consultora, as práticas são isoladas; os interesses, desconectados; e o desgaste gerado é enorme. "Por exemplo: a pessoa do marketing é cobrada para colocar alunos dentro da instituição. Quando chega o meio do mês de março, o marketing está colocando aluno, e aí tem briga com a secretaria, que já emitiu as listas. A área de Recursos Humanos, que já está fechando a folha, tem que contratar professores de última hora. Enfim, existe um conflito, um desgaste, e o problema maior fica para o aluno, porque ele não entende essa confusão. Como somos educadores, teríamos de dar o exemplo, mas não é isso o que acontece."

Diante desse quadro, a dúvida que permanece é sobre o que fazer, no dia a dia, para profissionalizar a gestão das instituições. Maria Bernadete reforça as afirmações de Cupola e enfatiza a necessidade de trabalhar a governança corporativa "As instituições de ensino precisam mudar essa conotação de Recursos Humanos como departamento de pessoal e criar uma área de RH participativa, que tenha programa de desenvolvimento, de remuneração e recompensa, fazendo as pessoas se sentirem parte integrante do todo."

> Atenção: 55% das vagas dos cursos de pedagogia e formação de professores estão ociosas e média de evasão nesses cursos chega a 34%.

A outra iniciativa desejável, segundo ela, é traçar as competências de que a organização necessita. "Hoje, dificilmente perguntamos a competência que a instituição quer. Uma vez traçada a competência, se faz um mapeamento, verifica-se se há na instituição pessoas com aquela competência e, no que diz respeito àquele pessoal antigo, se faz um programa de recolocação."

A proposta, segundo a consultora, é manter o foco no perfil e a estratégia no negócio. Assim, na contratação de professores e auxiliares, é preciso fazer uma seleção por competência para descobrir os talentos. "O aluno não quer mais aquele professor que só tem experiência de sala de aula, ele quer professores ativos, atuantes, que tragam experiências práticas." Ela critica o modelo de administração da carreira adotado pela universidade pública, em que a pessoa é recompensada pela antiguidade, pela titulação. "Não que isso não tenha importância", ressalta, "mas a nossa proposta é que haja desempenho frente ao real aprendizado do aluno, e critério de ascensão para o professor, Ele só ascenderá na carreira se atender aos critérios de desempenho baseados em metas".

A proposta para um novo modelo de administração de cargos e salários, hoje baseada numa tabela, sem paralelo em uma política de ascensão, é que se estabeleçam critérios com base no mercado e que haja recompensa pelos resultados que o profissional trouxer. Maria Bernadete sustenta, como grande parte do mundo corporativo atual, que o segredo do sucesso são as pessoas. E cita uma frase de Peter Drucker, o grande pensador e pioneiro do *management* moderno, que resume a forma de tornar a gestão estratégica da educação superior eficiente: "É importante tornar os recursos humanos produtivos; essa será cada vez mais a única forma de ganhar vantagem competitiva".

Sobre o organizador

Fábio Garcia dos Reis é diretor de Operações, na unidade de Lorena (SP), do Centro Universitário Salesiano (Unisal) de São Paulo, respondendo pelas áreas acadêmica e administrativa. Pesquisador visitante do Boston College (2010), tem especialização em gestão de IES, organização acadêmica e administrativa da IES, elaboração dos documentos institucionais da IES, avaliações do MEC, parâmetros de qualidade, análise do macroambiente da educação superior, trabalho em equipes, motivação e liderança de IES. Doutorou-se em 1998 em História Social pela Universidade de São Paulo (USP), com especialização em Turismo e Marketing, História do Brasil e Gestão Universitária. Nos últimos oito anos, desenvolve pesquisa na área da gestão universitária

Agradecimentos

O Semesp, Sindicato das Entidades Mantenedoras de Estabelecimentos de Ensino Superior no Estado de São Paulo, agradece aos palestrantes, debatedores e presidentes das sessões que contribuíram para este livro com sua participação no 12º FNESP.

Alexandre Fernandes Oliveira
Armando Lourenzo
Bruna Dias
Caio Luiz de Carvalho
Cecília Tavares de Anderlini
Denis Marcelo Lacerda dos Santos
Fábio Garcia dos Reis
Fernando Leme do Prado
Fernando Trevisan
Gabriel Mario Rodrigues
Gilberto Cupola
Hermes Ferreira Figueiredo
John Childers
José Roberto Covac
José Wilson dos Santos
Ka Ho Mok
Leonardo Trevisan
Marcos Calliari
Maria Bernadete Pupo
Michael Crawford
Ney José Lazzari
Oliver Minze
Paulo Eduardo Marcondes de Salles
Paulo Roberto Cesso
Roberto Macedo
Tório Barbosa
Waldir Lanza
Wandy Cavalheiro
Wim Veen

Coordenação geral
CONVERGÊNCIA COMUNICAÇÃO ESTRATÉGICA

Direção editorial
MIRIAN PAGLIA COSTA

Coordenação de produção
HELENA MARIA ALVES

Preparação de texto & revisão de provas
PAGLIACOSTA EDITORIAL

Capa e projeto gráfico
WE CAN FLY! COMUNICAÇÃO VISUAL

CTP, impressão & acabamento
ASSAHI

Impresso no Brasil
Printed in Brazil

Formato	17 x 24 cm
Mancha	11 x 19,0 cm
Tipologia	ITC Usherwood, Univers e Timless
Papel do miolo	Chambril 90 gr/m²
Papel da capa	Cartão Royal 250 gr/m²
Páginas	120